HISTOIRE

DE LA

VILLE DE DAMMARTIN

(Seine-et-Marne)

ET

APERÇU SUR LES ENVIRONS

PAR

Victor OFFROY

———

DAMMARTIN

LIBRAIRIE DE LEMARIÉ FILS

—

1873

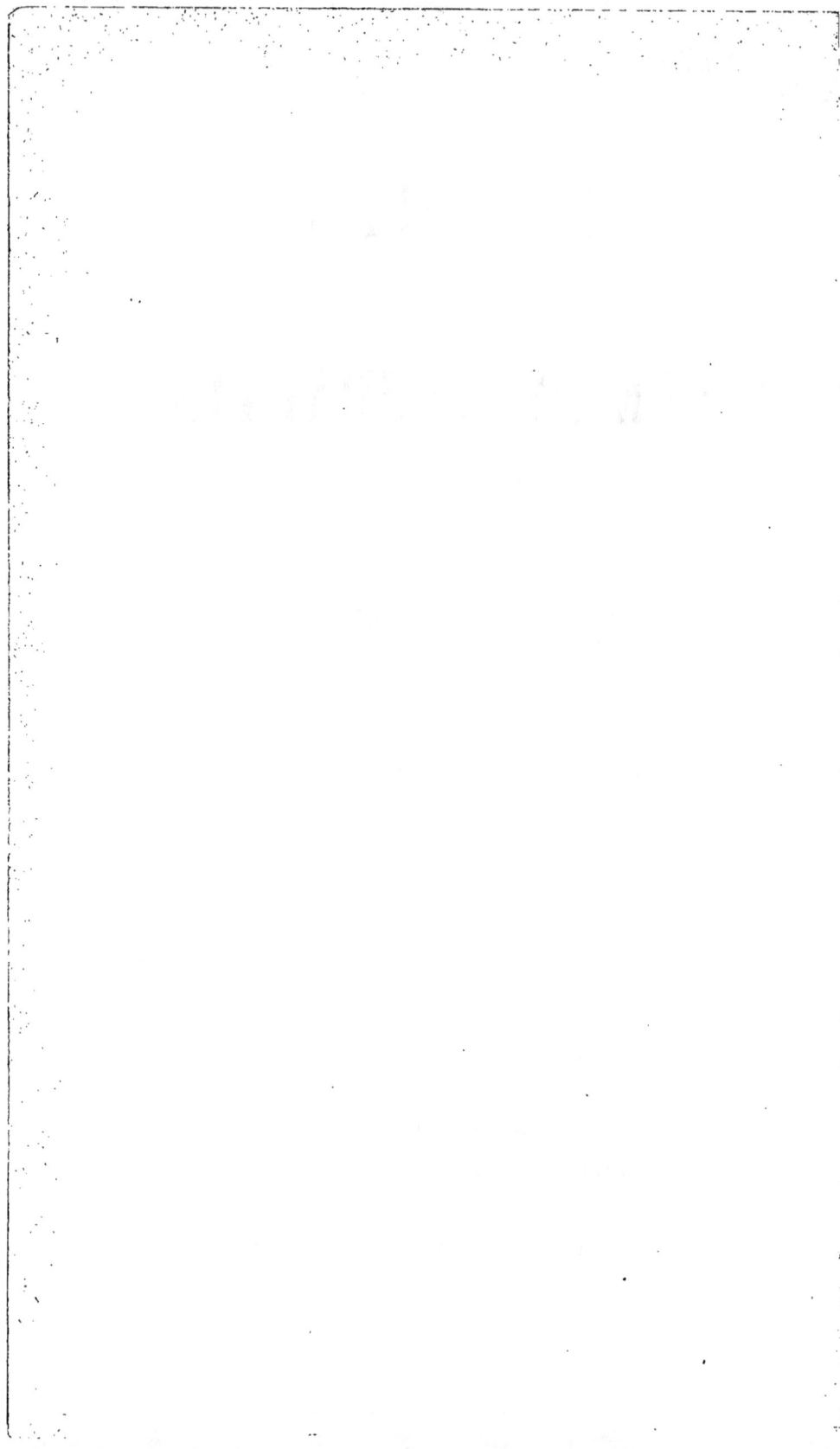

PRÉFACE

Nous aimons tous la terre où dorment nos aïeux, le pays où nous apparut le premier soleil, où notre pied fit le premier pas. En vain l'absence nous en sépare, rien ne peut l'effacer de notre esprit, son souvenir est comme un fil élastique, il s'étend quand nous nous en éloignons, mais il ne se rompt pas. C'est une image riante, qui nous rappelle des jours pleins d'innocence, des cœurs pleins de tendresse. Dans les grandeurs et l'opulence nous regrettons sa paix et ses chaumières, il est le dépositaire de nos plus chères affections, le temple où notre imagination place le bonheur, le foyer où nos cœurs revolent sans cesse, et le plus beau jour de notre vie est celui où, désabusé des illusions du monde, nous revenons encore fouler le sol qui nous a vu naître et embrasser la mère qui nous a nourri.

Si l'histoire de ce pays est sans intérêt pour le commun des lecteurs, elle n'est pas sans charme pour le cœur compatriote ; là, le citoyen paisible vit obscur et meurt inconnu, mais là, aussi, il est souvent des mérites, des vertus qui pour être sans prôneurs ne sont pas moins méritoires.

Le génie, l'héroïsme naissent aussi bien au village qu'à la ville, et tel général dont on vante les exploits, en un jour de combat, n'a souvent dû sa gloire qu'à la bravoure du soldat qui gît ignoré dans un coin du sol qui l'a vu naître.

Ces considérations m'ont porté à faire un essai sur l'histoire de Dammartin. C'est le premier ouvrage que je connaisse sur cette ville, peut-être sera-t-il le seul. Je l'ai écrit avec tout le respect qu'un historien doit à la vérité, et dans le seul désir d'instruire et d'intéresser mes concitoyens sur le lieu de leur naissance.

Velly, Villaret, Anquetil, Moreri, Duclos, de Thou, Toussaint-Duplessis et le père d'Orléans m'ont fourni des faits et des dates'; j'ai trouvé dans des notes recueillies par MM. Lemire et Lavollée des documents précieux, et j'ai composé cet essai que j'offre avec confiance à mon pays comme un hommage de mon dévouement pour lui.

J'aurais voulu trouver aussi quelques renseignements dans les cartons de la mairie de Dammartin, mais ils n'offrent aucun intérêt historique. Les mémoires laissés par M. Lavollée, relatifs à son administration comme maire, sont les seules annales de cette mairie. J'ai eu la patience d'examiner tous les registres de l'état civil ; le premier remonte à 1557 ; l'année alors commençait à Pâques et les actes s'écrivaient en latin, ce ne fut qu'en 1562 et par un édit de Charles IX, que l'année data du premier janvier. Ces registres renferment de loin en loin quelques mentions historiques, malheureusement les plus anciens sont la plupart incomplets et peu lisibles. Il s'y trouve une lacune ou suppression depuis 1563 jusqu'à 1570 et depuis 1579 jusqu'à 1594 ; peut-être ces registres n'ont-ils pu être tenus ou furent-ils détruits dans les guerres du calvinisme. Ceux des 17 et 18e siècles sont mieux tenus et se suivent sans interruption. Les premiers actes sont d'une singulière brièveté, on croit lire de simples notes sur la naissance ou le décès des habitants ; il s'y trouve des citations qui font connaître l'ancienneté de quelques maisons, les mœurs, la population de certaines époques et des accidents particuliers ; on y voit que de 1557 à 1562, et de 1600 à 1610, bien que la population du pays fût moins nombreuse que de nos jours, le nombre des naissances par an était près du double de ce qu'il est actuellement ; il est vrai qu'alors le petit hameau de Rouvres était une annexe de la paroisse de Dammartin, mais en 1608, 25, 27 et 30 il y eut des épidémies qui décimèrent les habitants. On y voit qu'en 1630, le petit château de la Tuilerie était une maison occupée par M. de Chesnelon, premier greffier du conseil du Roi ; qu'en 1633 la maison dite aujourd'hui petite Corbie était une ferme de la grande Corbie, et qu'un ouvrier du sieur Dupré, qui l'habitait, y fut asphyxié dans une cave en foulant du marc de vin. Ces deux maisons qui viennent d'être réunies en forment une très-jolie, appartenant aujourd'hui à M. Hémar. Cette maison vient d'être détruite. On y voit qu'en 1678, l'hôtel de Gèvres était occupé par M. de Gèvres, gouverneur de Paris, premier gentilhomme de la chambre ; qu'en 1600, la halle et ses prisons étaient construites ; que les auberges de la Grosse-Tête et de la Croix-Blanche existaient. Ce n'est qu'en 1670 qu'il est mention de l'hôtel Sainte-Anne. On cite un nommé Guillaume Grésillon qui en curant le puits de l'auberge de la Grosse-Tête fut écrasé sous ses décombres : « Et nous l'avons, dit le prêtre qui écrit son acte de décès, ensépulturé chrétiennement, parce qu'on entendit qu'en expirant il demandait à Dieu pardon de ses péchés. » Ailleurs, c'est un soldat qui meurt subitement dans le chemin de Dammartin à Othis, et qu'on enterre pareillement parce qu'on a trouvé dans ses poches un livre de prières et un chapelet. C'est une jeune fille écrasée en dormant sous le plafond de sa chambre. C'est un bourgeois tué en duel par un garde du corps ou un mousquetaire alors en garnison à Dammartin. Ce sont trois enfants écrasés en jouant sous la chûte d'un mur. C'est un tisserand tué d'un coup de tonnerre en tissant sa toile, ou une pauvre femme égorgée dans son lit C'est un Claude Stuolle mort le 6 mai 1648, dont le clergé de la paroisse refuse de porter le corps à la collégiale selon l'usage d'alors, et dont le convoi est pour cela l'objet d'un grand trouble dans le pays. C'est un Guilles Bellamy tué en 1612, d'un coup d'arquebuse, à l'entrée de la petite ruelle près de l'église de Notre-Dame. La caserne de la gendarmerie que cette ruelle sépare de l'église, a été refaite, avec de plus grandes dimensions ; elle renferme les prisons qui étaient auparavant dans les logements de l'Hôtel-de-Ville. Si dans ces actes on parle du décès d'un fou nommé Maurice Petit, on dit : *Il vécut et décéda innocent de son esprit ;* ou de la naissance d'un hermaphrodite, on dit : tel jour est venu au monde un enfant *né mâle avec continuation de l'autre sexe.* Jusqu'à ce jour on a fait bien des recherches et bien des conjectures sur les corps enfermés dans les cercueils en plâtre trouvés au milieu de notre vieux château en 1810. Tout porte à croire que ce sont ceux d'anciens guerriers ou seigneurs de Dammartin ; cependant l'on trouve dans un de ces registres, l'acte de décès d'un Vioussé-Blondeau de la paroisse de Saint-Pierre, mort le 11 juillet 1614, *lequel trespassa dans le château et fut enterré au milieu.* La tombe de ce Vioussé n'est-elle pas l'une de celles découvertes en 1810 ?

On voit aussi dans ces vieux registres, les noms et qualités de tous ceux qui furent inhumés dans les églises de Saint-Jean et de Notre-Dame, et dont les pierres tombales qui les indiquaient ont été déplacées ou n'existent plus.

On y voit que les Poissonnier, les Maulny, les Portefin, les Marsan, les Remy, les Poixallolle, les Rousquin, les Barbou, les Eriveaux, les Bertault sont, par leurs ancêtres, des plus anciens habitants du pays, parce que ces noms se trouvent dans des actes de l'an 1557, 1560, et 1570. On y remarque les caprices de la fortune dans l'élévation et l'abaissement de plusieurs familles. Tel est à présent un artisan obscur, dont les pères tenaient le premier rang dans le pays, et tel y fait envie, dont les aïeux faisaient pitié. Dammartin avait alors sa noblesse et sa bourgeoisie, la première se composait d'anciens gardes du corps, d'anciens officiers et magistrats retraités, et la seconde des officiers publics et des premières fortunes du pays. Ces deux classes étaient nombreuses, ce qui donnait au pays une société, une aisance qu'on n'y voit plus aujourd'hui.

On voit encore par quelques mentions curieuses de ces vieux registres, que M. Anthaume, ancien officier de Madame la Dauphine, mourut le 10 novembre 1739, âgé de 98 ans, et fut enterré dans le cœur de la paroisse St-Jean. Qu'en 1678, St-Mard, qu'on écrivait *St-Marc*, était une baronnie dont le château était occupé par M. Armand Charpentier, conseiller du roi en 1639. Que le calvaire à l'entrée du pays, vers Nanteuil, fut élevé en 1720 et béni le dimanche 24 novembre par M. Ancelin, prieur; qu'à cette époque l'église de St-Jean s'appelait l'église de Monsieur St-Jean; que le bedeau s'appelait porte-verge; qu'en 1676 la foire de St-Nicolas à Dammartin s'y tenait le 7 décembre; que le bureau de la poste aux lettres y fut établi en 1695; que MM. Bossuet, de Bissy, de Fontenille, de Caussade, de Polignac, de Thuin, évêques de Meaux, y vinrent successivement dans leurs visites pastorales donner la confirmation, et qu'en 1784 M. Camille de Polignac y confirma près de 500 enfants.

On y voit aussi qu'il y eut à Dammartin des personnes portant le nom de Salé, de Buat, de Lorillard, de La Saussaie, de Chrétien, de Gausserie, de Dumaine, de Dumetz qui sont encore aujourd'hui les noms de biens qui leur ont appartenu. Que la rue Ganneval s'appelait la rue du Grand-Val parce qu'elle conduit au grand vallon des Dumaines ; qu'en 1720 l'on disait encore le bourg de *Dampmartin* du mot *Dame-Père-Martin*. Que le patron de la chapelle de St-Guinfort et la vierge de la collégiale furent pendant un temps l'objet d'un pèlerinage en grande dévotion dans les environs de Dammartin ; que la chapelle latérale de l'église de St-Jean du côté de la rue, fut construite en 1676, et que le 13 octobre de cette année M. Claude de Vousges, curé de la paroisse, en posa la première pierre portant cette inscription : Deo dicatum sub nomine sancti Joseph et sancti Fiacri et sancti Rochi, anno domini 1676. *Après avoir été bénite avec grande cérémonie.*

Alors ces registres étaient tenus par les prieurs et vicaires de la paroisse de St-Jean, depuis un Renaud Dupuis en 1113, jusqu'à M. Bastioux en 1792. Ces prieurs aidés de leurs vicaires administrèrent cette paroisse et s'y succédèrent sans interruption. Lors de la révolution, le prieuré fut aboli, ses biens et ceux des églises furent vendus, excepté quelques-uns loués à bail emphytéotique et que leurs détenteurs se sont doucement appropriés. Un décret de la Convention fit passer les registres des mains des prêtres dans celles de l'autorité civile ; des citoyens officiers publics en étaient chargés, ils remplissaient tour à tour les fonctions d'officiers de police ; parmi eux M. Pierre Occident se signala par d'importants services, il parvint à délivrer le pays d'une troupe de brigands qui depuis longtemps inquiétaient les habitants et menaçaient chaque jour leurs propriétés et leur vie. M. Lavollée succéda à M. Chantepie, il fut maire en 1796. Son administration fut longue, il la distingua par des établissements qui devaient enrichir mais qui n'ont fait qu'embellir et endetter la ville. C'est à lui que nous devons la foire de la Pentecôte qui fut l'une des plus belles du département. On vit chez nous jusqu'à dix mille âmes à une fête qu'il avait instituée pour la naissance du roi de Rome. Sa conduite en des temps difficiles, notamment en 1814 et 1815, lui a acquis des droits imprescriptibles à la reconnaissance des Dammartinois; la somme des dépenses que son dévouement le porta à faire pour son pays s'est élevée à cent soixante-quatre mille francs. La ville ne pouvait le payer, on lui offrit quarante mille francs payables en 40 ans avec intérêt de cinq pour cent, il s'y résigna, et cette somme dont le premier terme a commencé en janvier 1820 ne devait être acquittée qu'en 1860.

Pendant que M. Lavollée sacrifiait sa fortune pour la ville qu'il administrait, un prêtre contribuait avec lui, à la prospérité du pays. M. Lemire avait racheté l'église de Notre-Dame vendue en 1792 par le district de Meaux. Dans un temps ou nulle église n'était ouverte en France, il avait osé y rétablir le culte catholique, et son évêque l'en avait nommé desservant. La beauté de cette église, la pompe de ses offices, les vertus, la renommée de son pasteur appelaient à Dammartin un grand concours de monde, et le rendait florissant; l'église de St-Jean, que la révolution avait aussi fermée, fut ouverte cinq ans après Notre-Dame (1) et desservie comme paroisse par M. Boitel qui, au refus de M. Lemire, avait été nommé doyen.

L'union, qui est la base de toute force et de toute prospérité, régnait alors et donnait des fruits précieux, mais bientôt la discorde vint tout gâter. Trop d'éclat

(1) Par M. Lemire.

d'un côté fit naître la jalousie de l'autre. Les prêtres se divisèrent et les habitants avec eux ; le maire crut devoir intervenir dans ces querelles, il se fit des ennemis puissants, tous trois se perdirent, et après avoir joui des avantages de leur mérite, Dammartin subit les conséquences de leurs défauts, Notre-Dame et son pasteur furent interdits : M. Boitel fut envoyé dans une autre cure, M. Lemire se retira dans le diocèse de Beauvais, il y mourut desservant de trois paroisses, regretté vivement de tout un peuple, et de M. le duc de Bourbon qui dans des moments de confiante intimité l'appelait son ami du bon vieux temps.

M. Lavollée retourna à Pourrain près Auxerre, lieu de sa naissance, dont il fut maire, et où il mourut honoré de l'estime et de la considération dues au mérite.

Les services administratifs de M. Lavollée lui ont valu la croix d'honneur ; deux de ses fils l'ont également obtenue, ils sont nés à Dammartin, ils méritent une mention dans l'histoire de cette ville. L'aîné, M. Anne-Hubert Lavollée, était à 14 ans surnuméraire dans l'administration des douanes, il en occupa les premières places dans les principales villes de France et d'Italie. Napoléon, voyant un rapport qu'il avait fait à l'âge de 19 ans, dit à M. Colin, alors directeur : *Notez un pareil sujet.* Revenu à Paris, il fut décoré et nommé chef de la première division. Epuisé de travail, il mourut jeune encore, laissant plusieurs ouvrages sur les douanes, et un fils qui marche sur ses traces.

Le second, M. Paul Lavollée, fut envoyé pour mission particulière en Egypte, en Grèce, en Italie, à Constantinople, puis à la Guadeloupe, dans les Antilles, et il s'en acquitta à la satisfaction du gouvernement. Il avait été décoré, on lui offrit pour récompense la place de sous-directeur à l'administration générale des postes ; le ministre lui présenta sa nomination de la manière la plus honorable et la plus flatteuse. Tels sont les renseignements que j'ai pu me procurer dans les registres de notre mairie et dans quelques notes de M. Lavollée. Je n'ai rien trouvé dans ces registres concernant le supplice de la Jaronne de Longpérier, de Pierre Richard, de Lessart et de plusieurs autres, au temps où le parvis de Notre-Dame était le théâtre de ces barbares exécutions. Je n'y ai rien trouvé non plus au sujet de la singulière résurrection d'une dame Poixallolle dont on a beaucoup parlé et dont on parlera longtemps dans le pays. Peut-être ces faits étaient-ils mentionnés dans les feuilles qui manquent à plusieurs cahiers ; voici ce que rapporte la tradition au sujet de Mme Poixallolle. Ce fait, s'il a existé, a dû se passer vers la fin du XVIe siècle.

Mme Poixallolle, fermière du prieuré de St-Jean, demeurait dans la ferme de ce prieuré ; elle mourut et on l'enterra. Ses charretiers, voulant s'emparer d'une bague de prix laissée à son doigt, vinrent la nuit ouvrir son cercueil, mais la douleur qu'ils lui firent la réveilla, elle était en léthargie ; la peur les saisit, ils se sauvèrent, Mme Poixallolle revenue à elle, s'enveloppa de son linceul, sortit de sa fosse et revint chez elle ; on ajoute qu'elle vécut plusieurs années et redevint mère après ce funèbre évènement.

On voit que de semblables renseignements sont bien insuffisants pour le canevas d'une histoire. Nos ancêtres écrivaient peu, ils ne nous ont rien laissé touchant divers évènements dont ils furent témoins (1) ; il est fâcheux que parmi eux il ne se soit pas trouvé un artiste ou un

---

(1) En 1793 une quantité considérable de papiers armoriés et d'archives, qui étaient à la Mairie de Dammartin, ont été brûlés. Il s'y trouvait sans doute des documents précieux pour l'histoire de cette ville.

écrivain qui voulût consacrer ses talents à l'histoire de son pays. Quel prix ne donnerions-nous pas aujourd'hui d'un tableau, d'un écrit qui nous représenterait ce qu'était notre vieux et noble château lorsque Philippe-Auguste ou Henri IV en firent le siége? J'ai donc fait des recherches ailleurs, j'ai peu trouvé, il est vrai, mais je n'aurai pas tout à fait perdu mon temps si les matériaux que j'ai réunis peuvent servir un jour à une main plus habile, pour une œuvre plus complète et un plan mieux conçu.

Ceux qui jugent du mérite d'un ouvrage sur son étendue trouveront bien à reprendre dans celui-ci; on demandera s'il n'y avait pas autre chose à dire de cette petite ville à qui ses comtes et son château ont dû donner quelque célébrité; je répondrai que j'aurais pu faire plus d'un volume de cette brochure, trop grosse sans doute pour ce qu'elle contient. J'aurais pu, comme Vertot, faire des siéges, mettre des héros en scène, imaginer des combats, des discours, rapporter des évènements, peindre des mœurs, des costumes, en un mot faire un roman historique et donner au vraisemblable les couleurs de la vérité. Mais j'ai préféré le laconisme du réel à la faconde de l'imaginaire, je n'ai voulu que faire une esquisse rapide de la demeure et de la vie de cette poignée d'habitants que leur destinée a fixés sur notre montagne et dont les plus célèbres n'y ont laissé qu'un peu de cendre et un nom déjà presque oublié; j'étais peu capable de ce travail, et j'ai abrégé mon ouvrage pour en abréger les défauts

V. O.

ESSAI

SUR

L'HISTOIRE DE DAMMARTIN

(Seine-et-Marne)

ET

APERÇU SUR LES ENVIRONS

L'origine de Dammartin (1), petite ville de l'arrondissement de Meaux, ancien bourg de l'Ile-de-France,
paraît remonter aux temps les plus reculés ; Dammartin,
dit Velly, était en 1031 une place des plus considérables
de France ; il se déclara avec Senlis, Melun, Sens, pour
la reine Constance, de Toulouse, veuve de Robert III,
contre Henri Ier, son fils, roi de France, qui finit par
s'en rendre maître.

Voici ce qu'on rapporte sur l'origine de son nom :

Un général Romain ayant été vaincu à Dammartin,
par un Gaulois qu'on croit être Mérovée, attribua sa
défaite au fort de ce lieu, et le nomma *Dampmartial*
d'où serait dérivé Dampmartin.

---

(1) On dit Dammartin-en-Goële, qui est le nom d'une partie de
son canton ; il y a près de cette ville, à l'est de la montagne
de Montgé, une ferme de ce nom, on croit qu'elle fut autrefois
la seigneurie d'un Goële d'Ivry, fils de Robert d'Ivry et de
Hildeburge de Galardon, qui aurait donné son nom à la contrée ;
mais les étymologistes ne sont pas d'accord sur ce point.

Une autre chronique nous apprend qu'au temps où le christianisme se répandait en France, un nommé Martin, sans doute Martin, de Tours, venant de Trèves, ville d'Allemagne, sur la Moselle, se fixa quelque temps à Dammartin ; cet homme plein de dévotion en la sainte Vierge, lui érigea une chapelle dans un lieu désert encore, et qu'on appela Saint-Martin-des-Champs ; ce fut la première paroisse du pays ; elle était située vers le midi, à quelque distance du fort, à l'endroit où se trouve aujourd'hui la maison de M Vincent. Ce saint homme avait pour habitude d'appeler la Vierge *madame,* comme plus tard on disait *monsieur* St-Jean. Les nouveaux chrétiens qu'il avait faits et qui le vénéraient, le nommaient leur père ; de là ces trois mots *Dame-Père-Martin,* d'où serait dérivé *Dampmartin,* qui, jusqu'en 1720, fut le nom du pays, et enfin par abréviation on écrivit Dammartin.

Il existe encore d'autres étymologies de ce mot, comme *domus Martini, domus domini Martini,* maison de Martin ou de seigneur Martin ; *Dommartis* ou *Dommarte,* maison de Mars ou de guerre, à cause de son château-fort. Nous laissons aux personnes versées dans la science des étymologies à rechercher l'origine et l'explication de ce mot. Pour nous, nous pensons qu'on ne peut la trouver ailleurs que dans son vieux château, ou dans le nom du fondateur de sa première église.

La montagne de Dammartin, avant l'établissement du pays, était comme celles de Montgé et de Montmélian, couverte d'une antique forêt. Le château-fort fut, sur un de ses points les plus élevés, la première construction qu'on y ait établie. Les Romains qui avaient pris Meaux, avaient élevé ce fort sans doute bien moins considérable alors qu'il ne le fut depuis, et y avaient

placé un poste militaire comme dans un point d'obser-
vation dominant la contrée qu'ils avaient soumise.

Il est probable qu'après ce château-fort, la chapelle
de Saint-Martin fut la première maison du pays. Objet
de dévotion, elle attira un concours de pèlerins nouveaux
qui venaient entendre le saint missionnaire, et se
convertir à sa religion. Plusieurs durent se fixer auprès
de lui ; ce concours de monde appela des marchands,
des hôteliers, qui s'établirent près de cette chapelle, et
ces nouvelles demeures formèrent le noyau du pays
dont j'entreprends l'histoire. C'est ainsi qu'une population se rassemble, une église, un château sont presque
toujours le germe d'un pays ; les plus grandes villes
n'ont souvent pas eu d'autre origine. L'histoire et des
découvertes faites dans des fouilles viennent à l'appui
de ces probabilités ; elles nous apprennent qu'autrefois
les maisons du pays étaient groupées dans le voisinage
du château et de l'ancienne chapelle de St-Martin. On
voyait encore en 1760, au bout de la rue de la Saine-
Fontaine, une vieille maison, la dernière qui restât de
cette rue ou de l'ancien quartier des comtes, elle était
habitée par deux époux, les doyens du pays ; après eux
cette maison tomba en ruines, et avec elle disparut le
dernier vestige du vieux Dammartin.

Les seigneurs et comtes qui habitaient son château
prenaient le nom de Dammartin, ils sont célèbres dans
l'histoire par leur courage et leurs talents militaires ; ils
les signalèrent en 930 sous Raoul de Bourgogne, en 1147
sous Louis VII, en 1429 sous Charles VII, et en 1566
sous Charles IX.

Ce château fut un fort des plus considérables de France :
une chaîne, des médailles, quelques armures à l'usage
des Romains, trouvées dans ses décombres, le font
attribuer à César-Jules. Il est dit qu'un général com-

mandant une légion romaine arrêta sous ce fort,
Mérovée vainqueur d'Attila. Il formait un pantagone
irrégulier et présentait dans sa masse l'ensemble d'un
d'un château magnifique et d'une citadelle formidable ;
de doubles murs construits de briques, de moellons et
de ciment, bordés de larges fossés, enfermaient son
enceinte, chacun de ses angles était flanqué de deux
tours ; ses revêtements, ses escarpes bâtis en grès,
percés de quatre poternes et dans l'épaisseur desquels
on avait pratiqué un couloir secret, descendaient dans
les fossés à plus de douze mètres de profondeur ; ses
bastions, ses redoutes, ses courtines, ses énormes portes
de fer, ses deux ponts-levis offraient dans leur solide
dimension l'aspect le plus imposant, son vaste donjon
dominait la contrée, c'était l'entrée du château : il était
percé de meurtrières, on y arrivait par un pont-levis
vers le couchant, la porte s'ouvrait sur une petite cour,
espèce de guichet dont des herses de fer fermées par un
secret étaient les huis ; de ce guichet on montait dans le
donjon et l'on passait dans la grande cour de l'intérieur.
Là était un manége pour les chevaux, un puits de
30 mètres de profondeur, et au milieu une chapelle et
un lieu destiné à la sépulture des maîtres du château ;
les corps étaient enfermés dans des cercueils en plâtre
de 80 à 90 millimètres d'épaisseur, rangés les uns près
des autres. Lorsqu'en 1810 on ouvrit ces cercueils, on y
trouva des squelettes entièrement desséchés et une
vieille armure. Au nord, étaient les bâtiments servant
de cuisine, de salle d'armes et d'écurie. On y voyait un
puits, des salles profondes communiquant les unes dans
les autres, hardiment cintrées en briques et où l'on avait
scellé de gros anneaux de fer ; dessous étaient des caves,
des conduits souterrains prenant jour sur les fossés par
de longs soupiraux. Vers l'orient, au lieu dit aujourd'hui

place Lavollée, était le logement des comtes. On y entrait par une grande porte donnant sur la cour et faisant face au donjon ; cette porte, dont de nos jours on a vu les débris, avait dans sa forme et sa sculpture beaucoup de ressemblance avec celle de l'église de Notre-Dame. Ce bâtiment, surmonté de deux tours, était couvert en ardoises. On y remarquait une grande salle à fenêtres cintrées et sculptées en style gothique ; c'était là qu'Antoine de Chabannes recevait Louis XI et que plus tard Henri IV devait recevoir la reddition de la ville de Meaux ; c'était là que vivaient ces puissants feudataires, ces orgueilleux suzerains souvent moins sujets que rivaux de leur roi, et presque toujours oppresseurs des peuples, et c'était là qu'ils exigeaient de leurs vassaux ces hommages, ces serments qui liaient l'esclavage à la tyrannie.

Au midi était la grosse tour dite du Lilas parce que de nos jours une touffe de lilas fleurissait sur ses ruines qu'elle ornait de son épais feuillage ; cette tour qui commandait le pays était flanquée de bastions et couronnée de créneaux, un escalier en pierres de taille, faiblement éclairé par des ouïes ou lucarnes, descendait du sommet dans les salles spacieuses creusées jusques sous ses fondations ; on y voyait des prisons dites oubliettes ou culs de basse-fosse, des souterrains secrets communiquant d'une tour à l'autre, serpentant en tous sens sous le massif pierreux de ce fort et s'enfonçant au loin sous les campagnes environnantes. On trouva dans les débris de cette tour des ossements humains et des boulets de canon. Ces quatre corps de bâtiments étaient unis entre eux par des remparts en briques hauts de 18 mètres au-dessus des fossés, et de 8 mètres d'épaisseur ; les fossés larges de 20 mètres formaient autour du château un cercle de 800 mètres environ ; leurs talus extérieurs, dont la pente se prolongeait sur les flancs inclinés de la montagne, étaient couverts de grands arbres que dominaient les remparts. Les lieux dits aujourd'hui le Clos-Richard, le Bois-du-Jarre, la Tuilerie, la Garenne, Gèvres, la Corbie, la Halle, Notre-Dame, l'Hôtel-Dieu étaient dépendants du château ; l'espace compris vers le nord entre les fossés et les jardins de la garenne, était destiné pour les tournois et jeux de bague auxquels les comtes de Dammartin invitaient les seigneurs et chevaliers de la contrée, de là le nom de rue des Bagues que porte encore aujourd'hui la rue qui y conduisait.

Quand la poudre fut connue, on l'employa contre ce château, mais sa masse était tellement compacte qu'elle fut inébranlable à tous les efforts de la mine et du boulet ; il est un de ceux qui ont le mieux résisté au choc de nos guerres intestines, il n'entrait ni bois, ni fer dans sa construction, tous ses logements étaient voûtés en briques ; les énormes murs de ses caves et souterrains avaient des fondations dont on n'a pu encore atteindre la profondeur. Aujourd'hui que le temps et les révolutions l'ont enfin ruiné, ce qui reste de ce fort étonne encore les curieux par le massif de sa base et la dureté de son ciment.

Le comté de Dammartin était un fief noble, ses possesseurs n'en devaient hommage qu'au roi ; ses biens étaient considérables, ils consistaient en terres et bois, qui s'étendaient dans un cercle de plus d'une lieue. Du temps de Philippe le Hurpel, la forêt de Montgé, les terres de Vinantes, Cuisy, Chambrefontaine, et un grand nombre de fermes dans les villages environnants faisaient partie de ses possessions.

Les seigneurs et comtes de Dammartin tenaient le premier rang à la cour, ils étaient hauts justiciers dans leur province, ils avaient des vassaux, des hommes-liges et des hommes d'armes pour leur service. Après la Ligue du Bien Public Chabannes y entretenait cent lances.

Depuis le commencement de la monarchie française, le château de Dammartin se trouva en butte aux guerres de tous les temps. Dans les différends de la reine Blanche, mère de saint Louis, contre Thibault, comte de Champagne, ce château, qui fut assiégé, exposa souvent le pays qu'il domine aux malheurs de la guerre.

> L'an mille deux cent vingt et dix
> Dammartin fut en flambes mis (1),

dit une vieille chronique. En 1031, Manassès s'y retrancha et s'y battit dans les guerres qu'il soutenait pour la reine Constance contre Henri Ier. En 1112, Hugues II, s'y défendit longtemps contre Louis le Gros. En 1214, Renaud de Bologne, comte de Dammartin, y soutint un long siége contre Philippe-Auguste. En 1425, Philippe, duc de Bourgogne, et Bedfort, général anglais, le prirent d'assaut et y mirent une garnison qui y resta pendant cinq ans pour Henri VI, roi d'Angleterre. En 1430, Charles VII, accompagné de Jeanne Darc expulsa cette garnison et se campa dans cette place avec son armée pour combattre l'armée anglaise qui se retira sur Mitry. En 1590, Henri IV assiégea ce château et le prit par la famine. En 1650, le maréchal de Turenne s'y posta avec trois mille hommes de cavalerie et plusieurs pièces d'artillerie, il combattait dans les guerres de la régence et soutenait alors Anne d'Autriche, mère de Louis XIV,

---

(1) Les comtes de Dammartin avaient à cette époque leur hôtel à Paris dans la rue qu'on appelle aujourd'hui rue Salle-au-Comte et qui alors se nommait la rue au comte de Dammartin.

contre le grand Condé. Mais déjà ce château avait perdu de sa splendeur et de sa solidité ; à la mort de Henri II de Montmorency, il avait été par arrêt du parlement confisqué au profit de la couronne. Louis XIII en avait fait démanteler les tours, et les guerres de la Ligue et de la Fronde y avaient fait des brèches qu'on ne réparait plus.

La noblesse de ses comtes l'avait fait surnommer le noble château (1) ; les premiers dont parle notre histoire furent des comtes de Vermandois qui vivaient vers l'an 930. Herbert de Vermandois, l'un des plus puissants seigneurs de ce nom, descendait de Charlemagne en ligne masculine ; en 925 il défendit vaillamment Raoul, duc de Bourgogne et roi de France par usurpation, contre les Normands, il les assiégea dans la ville d'Eu et prit cette place d'assaut.

Il paraît que Dammartin ne fut érigé en comté que sous Hugues, roi de France, premier de la tige des Capets.

J'ai consulté les auteurs, les archives, les manuscrits les plus dignes de confiance, et après bien des recherches je suis parvenu à faire un tableau historique et chronologique de tous les comtes de Dammartin ; je le donne ici en l'abrégeant autant que possible.

Manassès fut le premier comte de Dammartin. En 1028, il signa, avec plusieurs grands du royaume, la Charte de confirmation que le roi Robert accorda à l'abbaye de Coulombs, de tous les dons qui lui avaient été faits par les évêques de Beauvais et d'Orléans ; il se ligua avec les plus puissants seigneurs du royaume, pour Constance, veuve du roi Robert, contre Henri Ier, roi de

---

(1) Guillaume Lebreton dans sa Philippide qu'il écrivait au onzième siècle, nomme le château de Dammartin, le noble château.

Nobile castellum dominum martini rebus spoliatur opimis.

France, il fut tué au siége de Bar-le-Duc, en 1037. C'est à lui qu'on attribue la fondation de l'ancienne chapelle de Notre-Dame.

LANCELIN, sire de Ham, lui succéda ; il fit la guerre contre Philippe 1er, qui, pour arrêter ses courses vers le nord, fit construire un fort sur la butte de Montmélian, à deux lieues de Dammartin. Après lui vint :

HUGUES-PIERRE, Ier du nom ; il se battit pour Philippe Ier, contre Guillaume le Conquérant, et fut fait prisonnier de guerre par ce dernier ; les bénédictins du couvent de Saint-Michel payèrent sa rançon. En reconnaissance, il fit bâtir à Saint-Leu-d'Esserent (Oise), où il avait un château, la belle église qu'on y voit aujourd'hui, et près de là un couvent qu'il dota de cent hectares de terre, et dans lequel il appela ces bénédictins. Plus tard il leur donna cette église et ce couvent, du consentement de Rayde, sa femme, et de Guy, évêque de Beauvais. Il mourut en 1082. Son épouse se nommait Roarde.

HUGUES II, frère du précédent, eut le comté de Dammartin, au préjudice de ses neveux ; il se réunit avec Thibaut, comte de Champagne contre Louis le Gros. Ce monarque vint en 1112 assiéger le chateau de Dammartin, *grant, planté d'Engiens, y fit drecier et souvent y assailli, et qu'au d'errains après moult d'assaus et de poigneis li quens de Dammartin vint à la volonté le roi, d'ou se parti li roy d'où siége et departi ses otes. Si s'en rala chascun en son pays.* Les mémoires du temps disent que les rebelles ne furent réduits que lorsque le roi les eut poursuivis jusqu'à Meaux. Hugues II mourut en 1130. Il eut de Rotwilde, son épouse, Albéric qui suit :

ALBÉRIC Ier épousa en secondes noces Amicie de Beaumont, comtesse de Leycestre en Angleterre ; c'était un seigneur d'un mérite très-distingué, et si estimé du roi Louis VII qu'en 1155 il le fit Chambrier de France en reconnaissance des services importants qu'il en avait reçus. Il mourut en 1181.

Albéric II, son fils, épousa Mahaut de Trie, dont il eut deux fils et trois filles. Il prit le parti de Philippe-Auguste contre le comte de Flandre. Celui-ci surprit le château de Dammartin pendant qu'Albéric était à dîner, il le pilla, en enleva de grandes richesses et ravagea toutes ses dépendances par le fer et le feu. Philippe-Auguste reprit ce château sur le comte de Flandre et le rendit en 1197 à Renaud qui suit, fils d'Albéric II qui mourut en 1205.

Renaud Ier était un homme hardi et entreprenant, il épousa en secondes noces Ides, fille aînée de Mathieu de Flandre, comte de Bologne, et devint par ce mariage l'un des plus puissants seigneurs du royaume ; une querelle qu'il eut avec l'évêque de Beauvais, prince du sang, le brouilla avec le roi, il se jeta dans la révolte du comte de Flandre et fut l'auteur de la ligue qui se forma contre Philippe-Auguste. Ce roi l'assiégea dans son château de Dammartin qu'il avait fait fortifier. Il s'évada et passa en Angleterre, où il excita le roi Jean sans Terre à la guerre contre son prince et son pays. A la bataille de Bovines, il combattait pour le parti de l'empereur Othon IV ; étant abattu et pris sous son cheval, un jeune homme appelé Cermotte lui ota son casque et le blessa au visage, il voulut lui enfoncer son poignard dans le ventre, mais les bottes du comte étaient tellement attachées et unies aux pans de sa cuirasse qu'il ne put le percer, il fut fait prisonnier et enfermé à Péronne. Là, Philippe-Auguste apprenant qu'il intriguait encore contre lui, lui fit mettre les fers aux pieds et le fit enfermer dans un cachot. Après lui, Philippe de France, son gendre, hérita du

.comté de Dammartin par sa femme Mahaut de Bologne, fille unique de Renaud Ier, qui mourut en 1227.

PHILIPPE DE FRANCE, dit le Hurpel ou poil rude, fils du roi Philippe-Auguste, épousa la fille du précédent en 1201. Il n'en eut point d'enfant mâle, et mourut en 1233. Il fonda dans l'abbaye de Chambrefontaine un anniversaire pour le repos de l'âme du roi Philippe-Auguste, son père, et accorda aux religieux de cette abbaye le droit de chasser avec chiens, oiseaux, furets et filets, toutes sortes d'animaux sur toutes les terres du comté de Dammartin, excepté le cerf et le sanglier. A sa mort Mahaut de Bologne, sa veuve, fit l'hommage à Louis IX du comté de Dammartin. En 1235 elle se remaria à Alphonse III, roi de Portugal, qui la répudia en 1246, elle mourut en 1260. Il paraît que Louis IX donna le comté à Renaud qui suit :

RENAUD SIMON, frère de Renaud Ier, posséda peu de temps ce comté, il fut père de Jeanne, comtesse de Ponthieu, qui épousa le roi Don Ferdinand de Castille.

MATHIEU DE TRIE devint comte de Dammartin, en 1262. Il réclama ce comté à Louis IX ; il rapportait des lettres patentes par lesquelles le roi en le recevant de Mahaut de Bologne, en 1233, promettait de le rendre, mais les sceaux en étaient rompus, et le roi ne se souvenait plus de cette promesse, il fit rapporter les vieux sceaux par Jean Sarrasin, son chambellan ; on les confronta avec ce qui en restait sur les titres de Trie, et les ayant trouvés semblables, le roi dit à ses conseillers : Je ne puis selon Dieu et raison retenir le comté de Dammartin, et il le rendit : Mathieu de Trie épousa Marsilie de Montmorency, 3e du nom ; il mourut en 1275 et laissa Jean de Trie.

JEAN DE TRIE, 2e du nom, épousa en premières noces Ermangarde, et en secondes noces Yolande de Dreux, dont il eut plusieurs enfants ; il accompagna le roi Charles dans la campagne de Sicile en 1282, il servit Philippe le Bel dans la guerre de Flandre, et fut tué à Mons le 18 août 1304.

Renaud de Trie, 1er du nom, fils du précédent, fut fait chevalier par Philippe le Bel, en 1313. Il épousa Philippe de Beaumont dont il eut Renaud de Trie, et mourut en 1319.

Renaud de Trie, 2e du nom, épousa Hippolyte de Poitiers, fille d'Aymar, comte de Valentinois, et mourut sans enfants mâles en 1327.

Jean de Trie, frère du précédent, 3e du nom, lui succéda au comté de Dammartin ; il épousa Jeanne de Sancerre qui mourut en 1351, et dont il eut Jacqueline de Dammartin qui, en 1330, épousa Jean de Chatillon. Il fut fait prisonnier à la bataille de Poitiers en 1358 par le comte de Salisbury, qui le retint en Angleterre jusqu'en 1364, et lui fit payer une forte rançon. En 1368, il servit sous Duguesclin ; cette année même il eut l'honneur de tenir avec le maréchal de Montmorency, Charles VI sur les fonds de baptême. Il épousa en secondes noces Jeanne d'Amboise, duchesse de Nesles et de Mondoubleau, dont il n'eut point d'enfant mâle. Il mourut vers l'an 1375. On croit que ce fut lui qui fit faire les revêtements du château de Dammartin pour le garantir du canon dont on commençait à se servir de son temps.

Du mariage de Jean de Chatillon avec Jacqueline de Dammartin naquit Marguerite de Chatillon ; elle épousa Guillaume de Fayel, vicomte de Breteuil et descendant de ce Fayel si fameux à cause de sa cruauté envers Gabrielle de Vergy, sa femme, à qui il fit manger le cœur de Renaud de Couci, son amant. Ils eurent un fils nommé Jean.

Jean de Fayel, vicomte de Breteuil, succéda à Jean de

Trie au comté de Dammartin, et mourut sans enfants en 1420.

Renaud de Nanteuil, beau-frère du précédent, hérita de ce comté par sa femme Marie de Fayel, sœur de Jean de Fayel, il en prit le titre et les armes, mais comme il avait embrassé le parti du Dauphin, Charles VI confisqua sur lui ce comté que plus tard il donna à Antoine de Vergy.

De Vergy (Antoine), seigneur de Champlite et de cette ancienne maison devenue trop célèbre par le sort de la malheureuse Gabrielle de Vergy, obtint le comté de Dammartin, comme ayant droit par Jean de Vergy, son père, petit-fils de Mahaut de Dammartin, femme d'Albéric II. En 1425, ce comté lui fut confisqué par Philippe, duc de Bourgogne, allié alors à Henri VI, roi d'Angleterre; le château fut occupé par une garnison anglaise, mais de Vergy réclama; Henri VI lui en assura la propriété par lettres patentes de l'an 1427 et conserva le château en son pouvoir. En 1430, Charles VII reprit ce château sur les Anglais, et le donna à Marguerite de Nanteuil, fille de Renaud de Nanteuil et de Marie Fayel, laquelle porta le comté de Dammartin à Antoine de Chabannes qu'elle épousa en 1439.

Antoine de Chabannes, Grand Maître de France, fut le plus illustre des comtes de Dammartin (1). Duclos et quelques autres historiens ont rapporté une grande partie de la vie de ce guerrier. Je n'en dirai ici que ce qui a rapport à ses faits militaires.

En 1424, il se trouva à la bataille de Verneuil, en 1429, au siége de Gergeau et au combat de Puisaye où il signala sa valeur; en 1430, au siége de Compiègne où il combattait avec Jeanne Darc, en 1432 il défendit la

(1) Excepté le grand Condé.

ville et le château de Creil où il prit le bâtard de Saint-
Pol et le seigneur d'Humières qui lui payèrent une
forte rançon ; en 1435, il se distingua à la prise de Meu-
lan ; la même année, il prit Saint-Denis, Harfleur et plusieurs autres places ; en 1437, à la tête de la compagnie
qu'on appelait les Ecorcheurs à cause des tributs
qu'elle levait où elle passait, il parcourut le Cambrésis
et le Hainault ; en 1439. il se trouva au siége de Meaux
avec le connétable de Bourbon ; en 1442, à la prise de
Pontoise et de Dieppe avec le Dauphin ; en 1444, il mar-
cha sur Bâle où avec peu de monde, il défit un gros ba-
taillon de Suisses ; en 1447, il fut fait Grand Pannetier
de France ; en 1450, il prit toutes les places du comte
d'Armagnac en Champagne ; en 1463, Louis XI le dis-
gracia, il fut condamné à la peine de mort ; le roi commua sa peine en celle d'un exil à Rhodez, mais il le fit
enfermer à la Bastille d'où il s'échappa le 12 mars 1464.
En 1465, il fut fait sénéchal de Carcassonne et lieute-
nant général de l'armée envoyée en Dauphiné ; en 1467,
il fut nommé Grand Maître de France et chevalier de
l'ordre de Saint-Michel ; cette année il secourut Liége
assiégé par le duc de Bourgogne. Ce prince qui tenait
le roi en son pouvoir, l'obligea de signer un ordre à
Chabannes de licencier ses troupes : « Je ne reçois d'or-
dres de mon roi, répond Chabannes, que lorsqu'il est
libre ; dites au duc de Bourgogne que s'il le retient plus
longtemps, il y a encore en France un assez grand nombre de chevaliers et de gens d'honneur, pour lui faire
payer cher sa détention. » Plus tard il fut envoyé en
ambassade avec le légat du pape, et en Bretagne avec le
frère du roi pour des négociations de paix ; en 1469, il
commanda l'armée envoyée en Armagnac, et soumit ce
pays à l'obéissance du roi ; en 1472, il secourut Beauvais, assiégé par le duc de Bourgogne ; en 1473, il fut

envoyé à Senlis pour des préliminaires de paix avec ce même duc.

En 1475, le roi en récompense de ses services lui donna les capitaineries d'Hasteurs, de Montevilliers, de Château-Gaillard, et enfin le gouvernement de Paris. Chabannes sur ses vieux jours se retira au château de Dammartin où il mourut en décembre 1488 à l'âge de 77 ans ; il y fut inhumé dans le chœur de Notre-Dame qu'il avait fait reconstruire et où il fonda un chapitre et six prébendes en 1480. Il fit une pareille fondation à Saint-Fargeau en 1483. Il eut de son mariage avec Marguerite de Nanteuil, Jean de Chabannes qui suit, Jacqueline de Chabannes, dame d'Onchin, femme de Claude Armand, comte de Polignac, morte sans enfants, il eut d'ailleurs un fils naturel nommé Jacques qui mourut en 1489.

JEAN DE CHABANNES, succéda à son père ; il épousa en premières noces Marguerite de Calabre et en secondes, Suzanne de Bourbon, dame de Montpellier. Du premier lit il eut Anne de Chabannes, mariée en 1496 à Jacques de Coligny, seigneur de Chatillon dont elle n'eut pas d'enfants ; et du deuxième lit, Antoinette de Chabannes, dame de Saint Fargeau, mariée à René d'Anjou, seigneur de Mézières ; et Avoye de Chabannes, mariée à Esmond de Prie, puis à Jacques de la Trimouille et à Jacques de Brissay ; elle mourut sans enfants. Jean de Chabannes mourut en 1503. Antoinette de Chabannes hérita de ses sœurs, mortes sans postérité, le comté de Dammartin qu'elle porta à René d'Anjou, son mari ; ils eurent une fille, nommée Françoise, qui fut mariée à Philippe de Boulainvilliers qui suit, puis ensuite à Jean, seigneur de Rambures.

PHILIPPE DE BOULAINVILLIERS fut comte de Dammartin en 1530, il eut de son mariage avec Françoise d'An-

jou, Philippe, René, Perceval et Anne de Boulainvilliers. Il mourut en 1539, sa veuve se remaria à Jean,
seigneur de Rambures dont elle eut Oudard, Philippe,
et Jean de Rambures. Après elle les enfants du premier
lit vendirent le comté de Dammartin à Anne de Montmorency ; ceux du second le vendirent à François de
Lorraine, duc de Guise ; il y eut un grand procès à ce
sujet, mais le comté resta au connétable de Montmorency.

ANNE DE MONTMORENCY, connétable et maréchal de
France devint comte de Dammartin en 1562. C'était un
grand guerrier, il prit Novare en Italie, défendit Mar-
seille contre Charles-Quint, assista au traité de paix signé à Crépy entre cet empereur et François 1er, fit ren-
trer la Guyenne révoltée sous l'obéissance de Henri II,
fut disgracié sous François II par le cardinal de Lorraine,
et appelé avec le duc de Guise et le maréchal de Saint-An-
dré à gouverner le royaume sous Catherine de Médicis.
Il sauva le roi Charles IX et la reine, sa mère, des mains
du prince de Condé, chef des Huguenots, qui les tenait
assiégés dans la ville de Meaux, et fut défait par ce
prince à la bataille de Saint-Denis où il mourut en 1567
après avoir vécu sous cinq règnes. Il était possesseur
de 80 grandes terres. En juin 1840, on a trouvé, au collége de Dammartin, une pierre qui avait servi d'évier et
où les armoiries de ce connétable sont sculptées en gros
relief. Cette pierre a dû être placée autrefois au dessus
de la principale porte d'entrée du château.

HENRI ier DE MONTMORENCY DE DAMVILLE succéda à
son père au comté de Dammartin ; il se distingua aussi
par sa valeur et fut nommé gouverneur du Languedoc (1).
Sous ce comte, le château de Dammartin eut à souf-

(1) Marie Stuart, veuve de François II, l'aimait passionnément.

frir des guerres de la Ligue, il tomba au pouvoir de Henri IV qui le rendit à Henri II qui suit. Henri Ier mourut en 1614.

HENRI II DE MONTMORENCY fut brave et généreux ; il combattit vaillamment les Calvinistes, mais il accueillit Gaston d'Orléans, frère du roi, dont il embrassa le parti dans la guerre civile du Languedoc, et fut pris les armes à la main au combat de Castelnaudary. Richelieu lui fit faire son procès ; il fut condamné et décapité à Toulouse en 1632. Le 3 octobre de cette année le comté de Dammartin fut confisqué au profit de la couronne. Louis XIII fit démanteler son vieux château et murer ses issues, on pense qu'il en est encore qui sont restées inconnues et dont l'ouverture un jour pourra offrir des découvertes intéressantes. La garde de ce château fut confiée au maréchal de Bassompierre.

LOUIS II DE BOURBON-CONDÉ, surnommé le grand, obtint en 1644 de la reine Anne d'Autriche le comté de Dammartin, il y avait droit par sa mère Marguerite de Montmorency, sœur de Henri II, à la mort duquel il avait été confisqué. Sous ce prince, le château quoique démantelé eut encore à souffrir des guerres de la Fronde. Turenne s'en empara au nom du roi mineur, il y campa avec son armée, et fit de grands dégats dans le pays.

HENRI-JULES III DE BOURBON succéda à son père, il se signala au passage du Rhin sous les yeux de Louis XIV, et à la fameuse bataille de Senef. Il protégea les arts, les sciences et mourut en 1709.

LOUIS III DE BOURBON-CONDÉ, fils du précédent, hérita du comté de Dammartin et le transmit à Henri IV, duc de Bourbon-Condé qui suit :

HENRI IV, duc de Bourbon-Condé, eut d'un second mariage avec Charlotte de Hesse Rhinfelds, Louis IV qui suit :

Louis IV (Joseph), prince de Bourbon-Condé, comte de Dammartin, marié en 1753 à Anne Godefrine de Rohan-Soubise, fut le chef de l'armée connue sous le nom d'armée de Condé. Avant la révolution il avait fait plusieurs campagnes brillantes et vaincu plusieurs fois le duc de Brunswick ; les canons qu'il lui avait pris ornèrent longtemps le parc de Chantilly.

Louis V (Henri-Joseph), duc de Bourbon, fils du précédent, prit du vivant de son père le titre de comte de Dammartin, il épousa en 1770, Marie-Thérèse Mathilde d'Orléans, il en eut Louis-Antoine-Henri de Bourbon-Condé, duc d'Enghien, né en 1772, tué dans les fossés de Vincennes en 1804. Il posséda le comté de Dammartin jusqu'en 1792, époque de la révolution française où son vieux château-fort fut vendu et entièrement détruit. Louis-Henri-Joseph de Bourbon, dernier comte de Dammartin, mourut de mort violente le 27 août 1830 à l'âge de 74 ans.

On voit par cette généalogie que 29 comtes se succédèrent au comté de Dammartin. C'est à ces comtes que cette petite ville dut, selon les temps, sa ruine et ses édifices, ses malheurs et sa prospérité.

Manassès fit construire à l'ouest du château une chapelle dédiée à Notre-Dame, qui, dès cette époque, est devenue la patronne du pays. Dans l'origine cette chapelle était une annexe de Saint-Martin-des-Champs ; elle remplaça celle-ci, et fut paroisse à son tour jusqu'à l'époque où, tombée en ruines par l'effet des guerres, elle devait se relever sous la forme de collégiale.

Dammartin que son château-fort rendait une place importante, eut, sous Philippe-Auguste, beaucoup à souffrir des guerres de ses comtes. Le comte de Flandre qui avait entraîné un grand nombre de seigneurs dans

sa révolte, y surprit Albéric II, qui était resté fidèle au
roi ; il se rendit maître du château et le pilla, il ravagea
le pays, brûla les récoltes et ruina les habitants. Mais
ce pays était menacé de plus grands malheurs : au
commencement du règne de saint Louis, une devine-
resse qui demeurait à Charonne, avait prédit que Dammartin serait brûlé, et cette prédiction s'accomplit. Vers
l'an 1214, Renaud Ier, qui avait marié sa fille à Philippe
de France, fils du roi, après en avoir été comblé de faveurs embrassa contre lui le parti du comte de Flandre ; il était alors un des plus puissants seigneurs du
royaume. Le roi irrité vint l'assiéger dans son château
de Dammartin que Renaud avait fait fortifier. Ce siége
fut terrible, on y fit jouer les machines de guerre de ce
temps, toutes les maisons et les édifices voisins du fort
furent détruits, enfin on employa le feu et tout le pays
fut brûlé excepté l'église de St-Jean. Renaud vaincu se
sauva par un conduit souterrain, et Philippe-Auguste
entra dans le château qu'il saccagea.

Dammartin dans ces premiers temps s'étendait sous le
château au sud-est de la montagne, le quartier de Saint
Jean n'était qu'un lieu désert encore, et en partie couvert de bois.

L'église de Saint-Jean-Baptiste fut fondée au commencement du douzième siècle par Hugues II, comte de
Dammartin ; il y établit un prieuré et y appela des chanoines de l'abbaye de Saint-Martin-au-Bois au diocèse
de Beauvais, ordre de Saint-Augustin. Ces chanoines
au nombre de six, servaient de vicaires au prieur selon
l'acte de fondation ; cette église n'était alors qu'un monastère ou oratoire sous le titre de Saint-Jean, annexé
comme la chapelle de Notre-Dame et quelques autres,
inconnues aujourd'hui, à l'église de Saint-Martin-des-
Champs ancienne paroisse du lieu. Par une charte de

1185, Albéric II, comte de Dammartin, donna cette église paroissiale avec tous ses revenus et dépendances à l'abbaye de Saint-Martin-aux-Bois, exempte de toute juridiction laïcale, mais cette église ayant été ruinée, les religieux de cette abbaye transférèrent l'office paroissial dans la chapelle de Notre-Dame, et plus tard dans l'église de Saint-Jean qui devint la paroisse du lieu sous l'invocation de Saint-Jean-Baptiste et avec le titre de prieuré-cure.

L'ancienne chapelle de Notre-Dame, placée sous les murs du château et exposée aux différents assauts qu'il eut à subir, fut enfin ruinée à son tour. En 1480 M. le comte de Chabannes en acheta les débris et l'emplacement aux prêtres de Saint-Jean pour en faire une collégiale, et voulant indemniser le prieur du préjudice que pouvait souffrir son église, par la privation de cette chapelle, bien qu'elle fut en ruines, il lui donna une prébende dans l'acte de fondation du chapitre, et dit qu'il serait le premier chanoine après le doyen, et qu'il occuperait la première place dans la partie senestre du chœur.

Le prieuré-cure n'était alors qu'un seul bénéfice ; en 1630 M. Michel Tubœuf, prieur de Dammartin, obtint de M. de Belleau, évèque de Meaux, une sentence pour diviser la cure et le prieuré, et en faire deux bénéfices distincts. Par cette sentence le prieur de Dammartin, affranchi de la charge d'âmes, jouissait d'un bénéfice de plus de quatre mille francs et n'était tenu qu'à dire ou faire dire par un vicaire, une messe basse tous les dimanches de l'année. Cette section des deux bénéfices fit murmurer les habitants, ils protestèrent à différentes reprises contre cette désunion de deux titres inséparables, représentant qu'il était contre les intéréts du pays qu'un religieux à simple tonsure et qui n'était point tenu à résidence, pût porter ailleurs les produits d'une cure dont les titulaires avaient jusque là rempli les fonctions et partagé une partie des bénéfices avec les pauvres du lieu. Enfin en 1703 M. César le Blanc, chanoine régulier pourvu du prieuré-cure de Dammartin, obtint contre l'abbé Testu, défendeur, un jugement du parlement qui réunit le prieuré à la cure et n'en fit qu'un même bénéfice comme cela était auparavant.

Les prieurs de Saint-Jean jouissaient de grands priviléges qui leur étaient accordés par les seigneurs du lieu. Dammartin fut alors partagé en deux quartiers qui en faisaient comme deux bourgs distincts ; on disait le quartier des Comtes, le quartier des Prieurs, et les prérogatives qu'on attachait à cette distinction furent souvent un sujet de division parmi les habitants. Si le château était célèbre par ses comtes, l'église l'était aussi par ses prieurs. Ceux-ci étaient, la plupart, des hommes remarquables par leurs vertus, leurs lumières et leurs dignités ; dans des temps de misère et d'ignorance ils répandaient l'instruction et le bienfait. Les habitants du lieu, souvent esclaves de leurs seigneurs, trouvaient en eux un sage conseiller, un ami, un père qui les consolait d'un maître. Parmi eux se trouvaient successivement un Renaud Dupuis, un Jean Babutte, un Charles d'Humières, qui fut évêque de Bayeux, un Jean Gobert, écolier juré, dont l'histoire vante la science et la profonde piété, un Michel Tubœuf, évêque de Saint-Pons, de Tremières et de Castres, un Jean Testu, abbé commandataire (1), membre de l'académie, ancien précepteur des duchesses de Savoie et de Lorraine, un César

_____

(1) Il mourut en 1704 ; son cœur a été déposé à l'entrée du sanctuaire de St-Jean, et son corps dans le cimetière de cette paroisse.

Leblanc, nommé évêque d'Avranches, un de Malisolle,
un Parisot de la Garde, etc. Tous ces prieurs étaient des
abbés de Saint-Martin-aux-bois, ils étaient nommés
par les Jésuites du collége de Louis-le-Grand, à Paris,
à cause de l'union de leur mense abbatiale à ce collége.
Les revenus dont ils jouissaient, comme gros décima-
teurs, leur donnaient la faculté de faire beaucoup de
bien ; plusieurs d'entre eux firent des dons à l'hospice
du lieu et à l'église de Saint-Jean où ils voulurent être
inhumés. La place où fut déposé le cœur de M. Jean
Testu est encore marquée dans le sanctuaire de cette
église par un cœur en marbre noir, parallèle au cœur
en marbre blanc qui recouvre celui de M. Berthe ; les
inscriptions ne sont plus lisibles aujourd'hui.

L'église alors était moins grande que de nos jours, le
comte de Chabannes, en dédommagement de la chapelle de Notre-Dame qu'il sépara de la cure, la fit aug-
menter de la chapelle de la vierge en 1482. Son clocher
était un dôme en ardoises, il s'élevait entre le chœur et
la nef et renfermait plusieurs cloches, mais son poids
fatigua la voûte qui le portait, on fut obligé de le démo-
lir, et en 1769 il fut refait en dehors de l'église, à la place
et dans la forme où il se trouve aujourd'hui. La chapelle
de Saint-Joseph et Saint-Fiacre, du côté de la rue, fut
construite en 1676 et bénite le 13 octobre de cette année
par M. Devousge, curé de la paroisse. Cette église fut
dotée à différentes époques par la piété des fidèles.
Avant la révolution de 1792, le produit de ses rentes et
biens s'élevait à 650 francs environ ; le casuel rapportait
1000 francs à la fabrique, mais on voit par les comptes
que rendaient les marguilliers à cette époque, que ces
sommes suffisaient à peine aux besoins, et quand de
1768 à 1774, on voulut refaire le coffre et le rétable du
maître-autel, recarreler le chœur, l'orner et l'entourer

de grilles, déplacer et reconstruire le clocher, réparer l'orgue, reconstruire des voûtes et des murs de la nef, la boiser ainsi que les chapelles, y placer des bancs, etc., il fallut prendre de longs termes et recourir à un impôt extraordinaire, réparti sur tous les habitants pour subvenir à ces dépenses. Pendant qu'on travaillait à ces grosses réparations, le service paroissial, interrompu dans l'église de Saint-Jean, se faisait de concert avec le chapitre dans la collégiale de Notre-Dame.

L'hôtel-Dieu fut fondé au commencement du XIII⁰ siècle, sous le titre de Saint-Jacques ; le nom de son fondateur est inconnu. On croit que ce fut un nommé Gauthier, homme riche de Dammartin, lequel l'aurait doté d'une grande partie de ses biens. Guillaume d'Annet en 1205, Millon de Betz en 1212, Giles de Cuisy en 1238, Mathilde, comtesse de Bourgogne, en 1241, et Guillaume de Compans en 1247, y firent des legs considérables. Cet hôtel-Dieu possédait alors un administrateur et des religieux. En 1260, ces religieux furent remplacés par ceux de Chambrefontaine qui y restèrent jusqu'en 1695, où un hospice y fut établi. En 1699, une commission composée de plusieurs habitants du lieu fut nommée pour administrer les revenus de cet hospice réunis à ceux de l'Hôtel-Dieu. En 1715, cette commission y a établi huit lits pour les malades et trois sœurs de charité ; cet établissement s'est augmenté depuis par la réunion d'un bâtiment contigu, dont on a fait un dortoir, une lingerie et une salle d'infirmerie pour les vieillards invalides.

Les propriétés de l'hospice de Dammartin consistent en 106 hectares 42 ares de terre, prés et bois ; en maisons et fonds placés au trésor ; ses revenus s'élèvent à près de 16,000 francs. Ses administrateurs actuels, voulant autant que possible étendre ses moyens de bienfaisance, y ont ajouté six lits, dont deux pour les malades militaires, et trois sœurs de charité, dont l'une consacre ses soins à l'éducation des petites filles. Tout cela n'est que trop occupé, les établissements pour le pauvre ne vaquent jamais.

En 1814 et 1815, les sœurs de cet hospice se signalèrent par une conduite bien digne d'éloge. Au nombre de quatre seulement, elles secoururent et soignèrent jusqu'à quatre-vingts blessés français ; le courage, le dévouement, la charité vraiment chrétienne qu'elles déployèrent en ces temps malheureux leur méritèrent les félicitations et remerciements qui leur furent adressés, en séance publique, par le président de l'administration au nom du pays (1).

Parmi les dotations faites à l'Hôtel-Dieu. il y en eut plusieurs pour l'instruction gratuite des enfants pauvres du pays. En 1629, un nommé Rochon, chanoine de la collégiale, y fonda, par son testament, une communauté de quatre filles pieuses pour l'instruction de petites filles prises dans la classe malheureuse.

Le 16 décembre 1700, Antoine Portefin, procureur fiscal au baillage de Dammartin, et Marie-Anne Hobbes, son épouse, firent une donation à l'hospice de deux maisons, l'une située à Paris, rue de la Haute-Vannerie, et l'autre à Dammartin, rue des Bagues, à condition, qu'avec les loyers de la maison de Paris, on donnerait trois cents francs à un maître de latin logé dans celle de Dammartin, avec l'obligation d'instruire gratuitement six pauvres garçons du pays.

En 1734, M. le cardinal de Bissy, évêque de Meaux, confirma cette donation et institua un collége à Dammartin, laissant aux administrateurs de l'hospice le

(1) Voir à ce sujet *la Croix d'honneur* dans le recueil de mes œuvres.

droit d'y présenter un maître de latin, et les obligeant, ainsi que le portait la donation, au paiement de ce maître et à l'entretien de la maison. Cet établissement s'accrut d'une manière intéressante pour le pays, on cite un principal qui, de 1762 à 1770, obtint un nombre de 90 internes et de 50 externes ; la maison devenant insuffisante, l'administratien du pays fut plus tard obligée de transférer le pensionnat dans les bâtiments de l'ancien prieuré que le sieur Vincent Mallet, son propriétaire, consentit à échanger pour les bâtiments d'une ferme de l'hospice et la maison du maître de latin. Aujourd'hui, ce pensionnat, tenu par M. Boujard, réunit toutes les conditions hygiéniques et progressives ; les élèves y retrouvent les sollicitudes d'une mère et les enseignements paternels d'un maître entièrement dévoué à sa mission.

En 1739, une demoiselle Marie Boquillon légua aussi à cet hospice un fonds de 3,600 livres principal de 76 fr. 50 c. de rente, voulant que la moitié de cette rente serve au soulagement des malades et le reste à l'instruction charitable de six enfants nés à Dammartin, âgés de 8 à 9 ans, lesquels seront choisis par M. le doyen de la collégiale et instruits par le maître des enfants de chœur de cette église.

Outre ces dotations pour l'instruction des enfants, M. Pierre Berthe de Dammartin, prêtre, docteur et professeur en Sorbonne, en avait fait une par son testament du 28 mars 1719, de six bourses de 140 fr. chacune, au collège du Plessis, à Paris, pour l'instruction de six garçons de 7 à 8 ans, lesquels seraient pris à Dammartin, et présentés par le prieur de Saint-Jean-Baptiste, et le doyen de la collégiale de cette ville, aux quatre doyens de la Sorbonne, qui, après les avoir examinés, les feront recevoir par M. le principal du collège.

Par le même testament, le sieur Berthe demande et veut que son cœur soit inhumé dans l'église Saint-Jean-Baptiste de Dammartin, près du corps de son père, mort en 1664, avec une épitaphe mentionnant sa dotation. Il le fut le 24 mai 1719. La pierre tumulaire qui recouvre ce cœur est celle que l'on voit sous la première marche, et à droite du sanctuaire dans le chœur de l'église de Saint-Jean (1).

De toutes ces dotations, celle du sieur Antoine Portefin est la seule dont le bienfait profite encore aux enfants de Dammartin, le temps et les révolutions ont anéanti successivement les autres. M. Portefin fut enterré dans l'église de Notre-Dame, en août 1703.

La chapelle de Saint-Guinfort, qui existait avant la révolution de 1790 au sud-ouest du pays, avait été fondée dans le XIII siècle par Saint Guinfort lui-même, alors abbé du monastère de Saint-Ursin de Bourges. Cette chapelle, par la suite, devint une léproserie que les comtes de Dammartin pouvaient conférer à un gentilhomme comme une commanderie. Vers l'an 1600, elle fut réunie à l'Hôtel-Dieu du pays, et ses revenus passèrent à l'Hôtel-Dieu de Meaux ; mais jusqu'à son extinction la chapelle demeura en titre à la collation de l'évêque. Elle fut détruite en 1792 ; ses débris, vendus à l'enchère, furent adjugés au sieur Médard Sulpice, de Dammartin pour 570 fr.

Trois autres monuments de vénération ont encore existé à Dammartin ; le premier était un couvent de religieuses de la Visitation, établi au sud de la ville, sous le nom de Sainte-Marie. Ces religieuses, qu'on appelait les Dames de Ste-Marie, étaient toutes de familles nobles,

---

(1) Celle qui est à gauche indique la sépulture du sieur Jean Testu.

elles avaient fait construire elles-mêmes ce couvent sur un terrain de trois hectares qu'elles avaient acheté, et clos de murs ; elles s'y établirent en 1644, et n'y demeurèrent que neuf ans. Les guerres de la Fronde, qui exposèrent souvent le pays, les obligèrent à se retirer au couvent de la rue Saint-Antoine à Paris, et celui de Dammartin fut abandonné et détruit. Son terrain fut divisé et vendu à des habitants du pays ; ils en ont fait de fertiles jardins qu'on appelle encore les jardins de Sainte-Marie.

Le second était un petit temple, établi dans le XVIe siècle sous les murs du château-fort ; c'était probablement la chapelle du château ; il ne dura que peu de temps et fut remplacé par une poste à relais (1). Le lieu où il fut s'appelle encore le temple.

Le troisième était une ancienne chapelle consacrée à Saint-Leu ; les mères y portaient leurs enfants pour être guéris de la peur ou du mal épileptique ; de nos jours encore, on voit des femmes faire neuf fois le tour de l'ancien emplacement de Saint-Leu, avec un enfant dans les bras, pour le préserver ou le délivrer de ce mal. Il y avait, dans le voisinage de cette chapelle, un four public pour le besoin des habitants ; ce four, dont des vestiges ont été vus par des anciens du pays, avait donné son nom à la ruelle qui y conduisait, on appelle encore cette ruelle, la ruelle du four Saint-Leu.

Indépendamment de ces monuments de piété, il y avait dans le voisinage de Dammartin deux annexes dépendantes de la paroisse de Saint-Jean ; l'une était une chapelle dite de Moiencourt, qu'on ne connaît plus aujourd'hui (2) ; l'autre était l'église de Rouvres, petit hameau

(1) Les postes à relais furent instituées par Louis XI en 1464.
(2) Il y a à Longpérier une maison qui porte le nom de Maint-

à trois quarts de lieue de Dammartin ; le prieur y exer-
çait toutes les fonctions curiales. Par arrêt du 6 septembre 1638, elle fut déclarée succursale de Dammartin, et
le 18 janvier 1718, elle fut érigée en cure distincte par
M. de Bissy, évêque de Meaux. Celle de Longpérier le
fut, en 1530, par M. de Briçonnet.

Le prieuré-cure de St-Jean-Baptiste était la seule paroisse du pays, quand Antoine de Chabannes, grand
maître de France et comte de Dammartin, voulut rétablir à ses frais l'église de Notre-Dame et y fonder un
chapitre pour le repos de son âme et de celle de Charles VII son bienfaiteur. M. de Chabannes qui avait si-
gnalé son dévouement pour Charles VII tomba dans la
disgrâce sous Louis XI. Celui-ci, devenu roi, se ressouvint qu'en 1446, Chabannes avait révélé au roi son père,
sa conspiration contre son gouvernement. En 1463, il le
fit condamner comme coupable de lèse-majesté, à la peine
de mort, à cause de la part qu'il prit dans la guerre dite
du Bien public. Il commua sa peine en celle d'un bannis-
sement perpétuel, il voulait l'exiler à Rhodez mais il
changea d'avis et le fit enfermer à la Bastille d'où il se
sauva le 12 mars 1464. Tous ses biens furent confisqués,
la majeure partie fut pour Charles de Melun, l'un de ses
accusateurs. Sa femme et son fils furent tellemnet délaissés, que sans un laboureur de Dammartin, nommé
Antoine Lefort, qui les recueillit en secret, ils seraient
morts de faim.

Chabannes, prisonnier, se recommanda à la mère du
Christ, c'est alors qu'il fit le vœu de lui ériger un temple et d'y fonder un office canonial. Seize ans plus tard,
retiré dans son château de Dammartin, après les plus

court, et à Othis une ferme qu'on appelle Guincourt. On pense
que cette chapelle existait dans l'un ou l'autre de ces lieux qui
en aurait tiré son nom.

glorieux exploits, il se ressouvint de son vœu et s'occupa
de l'accomplir ; il racheta pour six-vingts écus d'or, aux
chanoines de Saint-Jean, les ruines et la place de l'ancienne chapelle qui avait été détruite dans la guerre
dite du Bien public en 1468 ; il y fit construire l'église qui
existe aujourd'hui, et, par un acte de fondation en date
du 30ᵉ jour de janvier de l'an 1480, dota un chapitre
composé de neuf personnes d'environ quinze mille livres
de rente sur ses biens, qui alors étaient considérables ;
mais en 1526, une partie des biens affectés pour cette
rente fut vendue pour la rançon de François Iᵉʳ retenu
à Madrid. Au commencement de cet acte on lit ces belles
paroles : « Considérant les grands dangers qui nous
« sont survenus pendant le cours de notre vie, et dont
« malgré notre indignité, nous avons été sauvé par l'in-
« finie clémence de Dieu, jugeant que de toutes nos œu-
« vres mortelles et transitoires, nous n'emportons que
« notre seul mérite devant la face du juge éternel, sa-
« chant que le bienfait en cette vie est agréable à Dieu et
« donne profit après la mort dont l'heure est toujours in-
« certaine, craignant d'être prévenu par elle et de ne pas
« apporter d'œuvre méritoire à quoi les plus élevés sont
« le plus obligés, le tout à l'honneur et louange de Dieu
« le tout puissant et de la glorieuse vierge sa mère, avons
« institué le divin service pour chaque jour et à perpé-
« tuité, en une chapelle fondée en honneur de la très-
« sainte Vierge, située au lieu de Dammartin, que nous
« avons fait réédifier, et qui est un secours et aide aux
« paroissiens du prieuré-cure de Saint-Jean, qui reçoi-
« vent leurs sacrements dans ladite chapelle. A cet effet
« fondons un collége perpétuel de neuf personnes ecclé-
« siastiques ; c'est à savoir : un doyen qui sera le chef de
« ladite église, cinq chanoines, deux enfants de chœur
« et un marguillier, etc. »

Le 18 février 1488, l'église de Notre-Dame reconstruite par M. de Chabannes fut, selon son vœu, érigée en collégiale par Messire Jean de Lavaure, évêque de Meaux, et mise sous la protection spéciale de la sainte vierge avec le titre d'Assomption. Il fut réglé que la présentation des chanoines au chapitre appartiendrait au fondateur, et à sa mort à son plus proche parent portant son nom et ses armes. Sixte IV avait approuvé la fondation par une Bulle de l'an 1483, Jean de Chabannes, fils du fondateur, la ratifia en 1489.

Antoine de Chabannes mourut gouverneur de Paris le 25 décembre 1488, à l'âge de 77 ans ; il fut inhumé dans le chœur de sa collégiale à Dammartin. Son cœur, enfermé dans un riche reliquaire, fut déposé dans l'église de St-Fargeau. Marguerite de Nanteuil, son épouse, et Antoinette de Chabannes, sa petite-fille, y furent aussi inhumées, mais à l'ouverture qu'on a faite en août 1804, du caveau où leurs restes ont été déposés, on n'a trouvé que deux tombes, l'une de M. de Chabannes et l'autre présumée d'Antoinette, sa petite-fille.

Devant les portes du chœur on voit deux pierres dont les inscriptions sont effacées, elles indiquaient les tombes d'Adélaïde, fille de Renaud de Trie, comte de Dammartin, en 1320, et de Jeanne de Sancerre, femme de Jean de Trie, comte de Dammartin en 1350. Ces tombes, que l'on découvrit sous les ruines de l'ancienne chapelle, ont été conservées dans la collégiale, mais on ne saurait préciser aujourd'hui le lieu où elles sont. (1).

(1) La tradition rapporte qu'on voyait autrefois dans le chœur de cette collégiale deux mausolées dans le genre de celui du comte de Chabannes, où ces comtesses étaient représentées par des statues couchées et de grandeur naturelle ; ces mausolées dont l'un était à droite et l'autre à gauche du sanctuaire, sous la 3e fenêtre à partir du maître-autel, ont été détruits et leurs pier-

Il y avait encore dans cette église plusieurs pierres tombales indiquant les sépultures des doyens et chanoines du chapitre, et d'autres personnes marquantes du pays, lesquelles avaient doté des chapelles et fondé des services pour le repos de leurs âmes. Mais ces pierres ont été enlevées lorsqu'on refit le carrelage du chœur et le dallage de la nef ; elles sont maintenant sous le porche de l'église.

Quand on voit ce que coûtent aujourd'hui de temps et d'argent ces édifices modernes que le gouvernement, qui peut seul les entreprendre, peut si difficilement achever, on pense qu'ils devaient être bien puissants ces seigneurs d'autrefois, qui mettaient en mouvement des masses si énormes, et achevaient par eux-mêmes ces tours, ces monuments gigantesques, qui, après tant de guerres, tant d'assauts, semblent n'avoir traversé tant de siècles que pour venir aujourd'hui insulter aux mesquines productions du nôtre. Quoi qu'on dise des hommes d'autrefois et de leur temps d'ignorance et de barbarie, sans parler de ces nombreux hôpitaux, de ces lieux d'institution fondés par ces hommes barbares, qui ont si peu d'imitateurs parmi les humains de nos jours, c'est pourtant à ces mêmes hommes, à ces mêmes temps, que nous devons ces cathédrales immenses, ces clochers si hardis, ces abbayes, ces forteresses, et tous ces vieux monuments qui, dans leur élégante et solide gothicité, étonnent le siècle et les hommes éclairés d'aujourd'hui. Cependant ces hommes étaient loin de jouir de la sécurité des millionnaires de nos jours ; des guerres interminables les occupaient sans cesse, et, sous un règne agité, le

res, ainsi que leurs statues, ont été employées dans les fondations de la maison voisine appartenant aujourd'hui à M. Lefèvre. C'était autrefois une maison canoniale habitée par le doyen du chapitre.

lendemain détruisait souvent l'entreprise de la veille.

Les hommes vraiment illustres sont ceux dont l'histoire se trouve liée à celle de leur pays. Les services que les Chabannes rendirent à l'Etat, leur procurèrent l'honneur de s'allier à la maison royale, par le mariage de Gilbert de Chabannes avec Catherine de Bourbon, fille du comte de Vendôme, prince du sang, en août 1484, sous Charles VIII. Le 3 mars 1609, Henri de Bourbon, 2ᵉ du nom, épousa Charlotte-Marguerite de Montmorency, fille de Henri Iᵉʳ de Montmorency, comte de Dammartin, et sœur de Henri II de Montmorency, décapité à Toulouse ; en vertu de ce mariage, la famille de Condé devint héritière du comté de Dammartin.

Dès lors le droit de présenter au chapitre de la collégiale passa dans la famille des Bourbon-Condé, comme succédant médiatement à celle des Chabannes. C'est en vertu de ce droit, qu'en 1776, Louis-Joseph de Bourbon présenta à l'une de ces places Pierre-Simon Lemire, dont nous parlerons.

Si la forteresse de Dammartin exposa souvent ce pays aux guerres nationales et à celles de la féodalité, souvent aussi elle lui fut un abri, un refuge contre ces guerres. Quand les églises de Meaux et des environs se dégradaient sous la main dévastatrice des Huguenots, celles de Dammartin étaient respectées ; et quand les troupes des Ligueurs, répandues dans la province, assiégeaient Thieux, Nantouillet, Le Plessis-aux-Bois, Oissery, Le Plessis-Belleville, dont ils pillaient les maisons et outrageaient les femmes (1), Dammartin demeu-

---

(1). Le jour de Pâques 29 mars 1592, Pierre de Brie, dit Basse-maison, qui tenait le château de Monthyon pour la Ligue, alla au village du Plessis-Belleville pour le piller ; lui et sa troupe, ils entrèrent dans l'église pendant l'office, pillèrent tout ce qu'ils purent, dépouillèrent les femmes et les renvoyèrent toutes nues

rait paisible à l'abri de son vieux fort, qui défendait son enceinte et que l'ennemi n'osait attaquer. En 1562, les chanoines de la Cathédrale de Meaux s'y réfugièrent, pour se soustraire aux fureurs du calvinisme; ils y firent l'office dans la collégiale de Notre-Dame pendant trois mois, et tinrent leur chapitre dans l'hôtellerie de Saint-Martin, aujourd'hui maison de l'auteur de cette histoire. La ville alors était protégée par la garnison du château, les hérétiques n'osèrent pas en approcher.

chez elles. Ces horreurs ne sont point comparables encore à celles qui se commettaient dans la ville de Meaux. Depuis long-temps cette ville était en proie aux désordres d'un ramas d'étrangers qui s'y réfugiaient de toutes parts, et à la tyrannie de ses gouverneurs. Parmi ceux-ci, le bâtard de Wauru est célèbre par ses cruautés; ce que Toussaint Duplessis raconte de lui est moins d'un homme que d'une bête féroce, on en jugera par ce trait :

Un jeune laboureur des environs de Meaux tomba un jour entre ses mains, il le lia à la queue de son cheval et le traîna ainsi jusqu'à la ville, où il lui fit souffrir mille tourments. Ce jeune homme manda à sa femme l'état déplorable où il se trouvait; elle vint aussitôt se jeter aux pieds du tyran, il n'y avait pas un an qu'elle était mariée, ses couches approchaient, ses pleurs ne purent fléchir ce tigre. Il ne lui promit la vie de son époux qu'au prix d'une rançon exorbitante et lui fixa un terme très-court pour la payer. Elle trouva la somme à grand'peine, et quand elle l'eût déposée, on lui dit que celui qu'elle cherchait n'était plus en vie depuis huit jours. Transportée de colère, elle vomit contre son bourreau mille injures. Le tyran la fit rouer aussitôt de coups de bâton et ordonna qu'on la pendît sous les aisselles à un arbre, théâtre ordinaire de ses sanglantes exécutions: près de cent hommes y avaient été pendus par son ordre. On la suspendit au milieu de ces cadavres, et pour compléter le supplice de cette malheureuse, l'infâme tyran fit couper ses vêtements jusqu'au dessus de la ceinture; là, cette pauvre femme sentit les douleurs de l'enfantement; des loups affamés, que ses cris attirèrent, s'élancèrent sur elle, lui déchirèrent le ventre, mirent son fruit en pièces, et elle expira elle-même sous la dent de ces animaux carnassiers

Dammartin, comme nous l'avons dit, était divisé en deux quartiers, celui des comtes et celui des prieurs. Une grande route, qui traversait le bourg, passait entre la collégiale et l'Hôtel-Dieu, et, de là, prenant le nom de chemin des postes, allait rejoindre, près de Lagny-le-Sec, le grand chemin de Nanteuil-le-Haudoin.

Une rue, traversant le quartier des comtes, descendait par le lieu appelé aujourd'hui Saine-Fontaine ; elle conduisait au chemin de Meaux, d'où son nom, et à celui de Nantouillet, dont le château-fort avait, dit-on, des communications souterraines avec celui de Dammartin, mais des fouilles n'ont rien fait découvrir à ce sujet.

Celui-ci avait passé de la maison des Chabannes dans celles de Montmorency. Il était encore dans toute sa force, le vieux Connétable y venait de Chantilly et l'occupait comme une place importante ; par un ancien traité, les évêques de Meaux avaient le droit de s'y retirer avec sept personnes de leur suite, lorsqu'ils étaient en contestation avec les comtes de Champagne, qui gouvernaient la Brie, et quelquefois persécutaient l'église. Pierre de Cuisy, évêque de Meaux, usa de ce droit ; il y fut reçu en 1228, par Philippe de France, dit le Hurpel, comte de Dammartin.

Lors du sac de la ville de Meaux, par les Normands en 887 et 891, et des guerres de la Jacquerie en 1358, plusieurs habitants de cette ville vinrent se réfugier à Dammartin ; on ne voit pas que ces troupes de bandits, qui commirent tant d'horreurs dans le diocèse de Meaux, aient jamais cherché à s'emparer du château de Dammartin.

Le 23 juin 1589, ce château fut sommé de se rendre par le duc de Mayenne qui était maître de Meaux. Nicolas Blondel, chef de la garnison, refusa de se rendre ; il repoussa les assaillants, et conserva la place à l'obéissance du roi. Lorsqu'Henri III eut fait union avec le duc de Guise, chef des Ligueurs, il se rendit à ceux-ci qui, par la suite, se rangèrent du parti de Mayenne.

Au commencement de l'an 1590, Henri le Navarrois vint faire le siége de ce château, qui alors, tenait pour la Ligue. Après plusieurs attaques, dans lesquelles la mine et le boulet furent inutiles, il le bloqua avec six cents hommes de pied et environ deux cents hommes de cavalerie.

Mayenne, qui commandait à Meaux, essaya de ravitailler cette place ; le 25 mai, il y envoya le chevalier de Thury, avec 115 cavaliers et 150 arquebusiers pour y introduire des munitions, elles consistaient en 4 bœufs, 20 moutons, du beurre, de la chandelle, du sel et de la corde à arquebuse ; le convoi arriva devant le château à une heure du matin, ceux qui le gardaient firent dans l'intérieur un grand feu pour signal, et sortirent pour le recevoir.

Le 15 juin de la même année (1590), le sieur de St-Pol, avec 1,300 hommes de pied et 200 hommes de cavalerie, y conduisit un convoi de blé, de farine, de poudre, de sel et d'autres provisions de bouche et de guerre, il fut rencontré en chemin par un corps des troupes du roi ; on se battit, il y eut de chaque côté 7 à 8 hommes de tués, mais le convoi arriva à sa destination. Cependant des royalistes s'avancèrent comme on délivrait les provisions et l'on fut obligé d'abandonner 2 sacs de farine, qui furent pris par la garnison du bourg.

Enfin le 13 juillet de la même année, les assiégés ayant été réduits à manger leurs chevaux, se rendirent à Henri IV qui les reçut en père, et confia la garde du château au capitaine de Lanoue. Mayenne essaya de reprendre cette forteresse, de Lanoue s'y défendit vaillamment,

elle demeura jusqu'à la fin au pouvoir du roi Henri qui
y trouvait un refuge inexpugnable et qui, par elle, était
maître de tout le pays qu'elle domine.

Le dernier jour de décembre 1593, les échevins de la
ville de Meaux, accompagnés de vingt habitants, tous à
cheval, vinrent trouver Henri IV à Dammartin pour
lui faire hommage des clefs de leur ville ; ce roi fit pré-
parer pour les recevoir la plus grande pièce du château,
là, il les attendit avec les braves qui alors composaient
sa cour : c'était ce Sully, son confident et son ami, ce
Devic qui laissa un de ses membres dans les plaines
d'Ivry en combattant pour son maître, et qui plus tard (1)
mourut de douleur en apprenant sa mort. C'étaient
ces d'Epernon, ces Guitry, ces Biron, ces Lesdiguières,
et tous ces vieux guerriers qui, dans les combats, se
ralliaient à son panache, et qui dans ces murs alors se
montraient tout mutilés encore des victoires de Coutras
et d'Ivry. Les échevins, ayant Vitry, gouverneur de
Meaux, à leur tête, se présentèrent devant le roi ; à peine
furent-ils introduits jusqu'au pied du trône ou il sié-
geait, que frappés de la majesté de ce prince et comme
interdits de respect, ils ne purent faire autre chose que
se prosterner jusqu'à terre dans le plus profond silence (2) ; le roi touché de ce spectacle ne put retenir ses
larmes, il s'approcha d'eux, et, les relevant avec bonté,
il leur exprima que leur présence le comblait de joie,
qu'il voulait nommer leur ville sa bonne ville de Meaux,
et ses habitants ses bons sujets. « Je vous embrasse
tous, ajouta-t-il en leur tendant le bras, et en se pen-
chant vers eux, embrassez-moi de même, vous m'avez

(1) En passant dans la rue de la Ferronnerie.
(2) Les annales de Meaux disent que Chabouillet, avocat de
cette ville, prit la parole et dit au roi, que la différence de religion avait été jusqu'à ce jour la seule cause de leurs dissensions.

été contraires, de mon côté je vous ai fait du mal, je ne veux pas seulement oublier le passé, je vous ferai à l'avenir tout le bien que je pourrai. » Le lendemain 1er jour de janvier 1594, le roi partit pour Meaux ; son entrée en cette ville mit fin aux combats de la Ligue, qui depuis 6 ans désolaient la contrée, et le maréchal Henri II de Montmorency rentra en possession du comté de Dammartin.

La situation de cette petite ville à la proximité de la capitale, la beauté de son site, la célébrité de son château habité par les premiers seigneurs de l'Etat, y attiraient des personnes de toute condition, des cultivateurs, des marchands s'y établirent, et des bourgeois paisibles y vinrent aux portes de la capitale passer les beaux jours de l'année.

M. le duc de Gèvres y acheta, près et au nord du château, un terrain où il fit construire la maison qu'on y voit aujourd'hui ; dans la suite cette maison fut occupée pour les relais du duc d'Orléans, et au commencement de ce siècle par M. le vicomte d'Orsay, ancien capitaine des gardes du corps du roi.

Aujourd'hui cette maison, restaurée et augmentée d'un corps de bâtiment dont la belle façade se déploie et s'aligne sur la rue des promenades, est la propriété des dames Augustines de Notre-Dame-de-Miséricorde, dont l'ordre fut fondé vers l'an 1640 dans la ville d'Aix, par le vénérable père Antoine Ivan. Ce prêtre fut un modèle de vertus et de piété. Sa vie, comme celle du bon Vincent-de-Paul, fut remplie de bonnes œuvres, il la termina saintement à Paris, où il mourut en 1653, à l'âge de 78 ans.

Des dames de Notre-Dame-de-Miséricorde de la congrégation de Paris se sont établies à Dammartin dans cette grande maison, et en ont fait un couvent pour l'ins-

4

truction de jeunes demoiselles. On y voit un oratoire dont l'autel est orné d'un remarquable tableau de la sainte vierge, c'est une copie, par M. Hémar, de celui que l'archevêque d'Aix donna au père Ivan, et qui est regardé comme un chef-d'œuvre. On rapporte que c'est dans la contemplation de cette image que ce pieux fondateur puisa l'inspiration de l'ordre de la Miséricorde qu'il a institué. Ce tableau se voit encore à Aix, où il est toujours en grande vénération. Des personnes attribuent à la Vierge qu'il représente les faveurs que leurs prières en obtiennent ; espérons qu'il en sera de même dans notre petite ville, et que la même vénération nous vaudra les mêmes grâces.

Le pensionnat conventuel de ces dames, par sa position presque aérienne, par sa règle, ses bâtiments, ses cours, son vaste jardin, et le mérite de ses institutrices, présente toutes les conditions désirables pour l'hygiène de la santé, l'enseignement pratique de la religion et le progrès des études.

Le petit château de la Tuilerie, à l'est du fort, a pris son nom d'une fabrique de tuiles et de briques qui existait autrefois dans ce lieu pour les diverses constructions de ce fort ; les profondes excavations dont son terrain est rempli révèlent les fouilles immenses qui y ont été faites. Sous Louis XV, ce petit château n'était qu'un simple bâtiment occupé par le comte de Saxe, qui occupa aussi la maison dite de la Corbie, où se voyait encore sa statue en 1760.

Dammartin devint un chef-lieu de canton ; il y avait un baillage, auquel furent réunies en 1633 les justices de St-Maixme, Mory et autres, une Gruerie et un siège Présidial, ressortissant du Chatelet de Paris.

On y exécutait les criminels sur la place du bourg, et quand ils étaient suppliciés, on les exposait sur des fourches patibulaires, du côté de la montagne où se trouvait le moulin dit de la Justice. Le supplice de Pierre Richard, dont j'ai parlé ailleurs (1), fut à Dammartin le dernier exemple de la barbarie de ces temps. Ce malheureux, accusé d'un crime qu'il n'avait pas commis et ne pouvant s'en justifier, fut condamné à être rompu vif et exécuté sur la place du bourg ; son cadavre, disloqué et traîné sur la claie, fut enterré au pied d'un arbre, au lieu dit le Pâtis. Plus tard l'auteur de ce crime fut connu, et des regrets tardifs s'élevèrent sur la mort de l'innocent. Grande et triste leçon dont, grâce à d'autres sentiments, peuvent se passer, de nos jours, des juges moins empressés à appliquer, sur de simples apparences, une loi qui fait la honte de l'humanité.

En 1767, fut tracé la grande route qui traverse la ville de Dammartin, une ligne droite fut tirée sur la sommité de la montagne, et la nouvelle route faisant suite à la grande rue de Saint-Jean, au quartier des prieurs, vint passer entre l'ancienne chapelle de Saint-Martin et le château-fort qu'elle sépara d'une partie de ses dépendances. L'emplacement de l'ancien cimetière de Saint-Martin fut fouillé pour l'encaissement du pavé, on y trouva un grand nombre d'ossements, qui, comme ceux qu'on trouva plus tard dans la place du bourg, devant Notre-Dame, furent déposés dans le cimetière de la paroisse. Ce cimetière est situé au nord-ouest de la ville, il contient environ 75 ares. La mention qui en est faite dans des actes de l'an 1200, prouve qu'il est très-ancien ; il est remarquable aujourd'hui par le nombre et la pompe funèbre de ses monuments (2). Un autre petit cime-

(1) Voyez le pèlerinage au St-Sépulcre d'Allemagne sur la montagne de Montgé, et mon recueil d'*Œuvres diverses*, où le procès et le supplice de Richard sont rapportés.
(2) Voyez ci-après l'ouvrage sur ce cimetière.

tière, dont les murs existent encore au-dessus des maisons de la Corbie, était destiné aux sépultures des chanoines de Notre-Dame.

La nouvelle route vit s'élever au fur et à mesure les deux rangs de maisons qui la bordent et qui forment la rue neuve.

L'ancien quartier des comtes, qui s'étendait au sud-est de la montagne, abandonné et désert, fut insensiblement détruit; il est remplacé aujourd'hui par des jardins qui portent encore différents noms de ses rues.

La butte Cabot, qu'on voit au sud de l'ancien fort, était une vigie ou redoute qu'au temps des guerres on avait élevé là pour défendre le pays, et l'approche du fort par leur côté le plus accessible ; on pense que ce fut Hugues II qui la fit élever avec les terres provenant des fossés du château ; en 1767, on y apporta encore celles des fouilles pour la nouvelle route. De ce côté s'étendait un grand nombre de maisons et de petits jardins aboutissant sur une rue qui a pris le nom de rue des Oulches. Oulche est un vieux mot celtique qui signifie petit jardin. De là le nom que cette rue porte encore. C'est aujourd'hui un boulevard remarquable par les nouvelles constructions, précédées de squares qui en font l'agrément. La rue Ganneval a pris le sien, de Gagneval, parce que c'était par là qu'on gagnait, comme aujourd'hui encore, le grand vallon des Dumaines. On pourrait expliquer ainsi le nom de plusieurs rues, jardins et fontaines à Dammartin.

Il n'y avait plus en cette ville que deux églises : St-Martin depuis longtemps n'existait plus, St-Guinfort était en ruines, et l'Hôtel-Dieu n'avait plus son titulaire régulier, à qui trois cents livres de rentes étaient accordées pour les messes de fondation.

Alors un ancien usage du pays était de n'y enterrer

personne qu'on n'eût préalablement porté le corps du
défunt dans l'église de Notre-Dame : là, on chantait une
antienne à la Vierge pour le repos de son âme, et le
convoi était reconduit à la paroisse où l'on célébrait les
obsèques.

Le château-fort n'était plus habité, ses fossés se com-
blaient insensiblement des débris de ses tours et de ses
murs à moitié écroulés sous le choc des guerres civiles,
et par l'ordre de Louis XIII, qui voulut abolir en France
tous les monuments de la puissance féodale. On y voit
encore ces fissures, faibles effets des efforts de la poudre,
et qui faisaient dire au maréchal de Bassompierre que
ce fort n'avait fait que rire de la colère de ses assaillants.
Il appartenait alors à Louis-Joseph de Bourbon prince
de Condé.

Les chanoines, dont le grand Bossuet avait réglé le
service, remplissaient paisiblement leur ministère dans
la collégiale, le prieuré-cure de St-Jean-Baptiste rapportait à son titulaire un revenu de 18,000 francs. Des
établissements se formaient, Dammartin florissait quand
éclata la révolution de 1792. Les sciences et les arts
avaient amené la France à ce degré d'élévation qui est
le premier de la décadence, on avait tout défini ; la religion, les lois, les mœurs, ces bases de l'édifice social
étaient usées et l'édifice croula. Alors ce chaos où fermentèrent tant de passions et qui donna à la France
tant de crises à subir, tant de malheurs à déplorer. Le
règne de la licence et du crime eut ses effets à Dammartin
comme ailleurs. Les biens de ses églises et de sa noblesse y furent confisqués et vendus. Plusieurs de ceux
qui les tenaient à bail ou à cens en devinrent propriétaires sans bourse délier. La fondation du pieux Chabannes fut transformée en une prison, où les détenus
se livrèrent à des actes de vandalisme ; ils dépouillèrent

sa grille de ses plus beaux ornements ; l'un d'eux, en voulant arracher le Christ qui est au faîte, tomba sur l'autel et s'y tua. Bientôt elle fut vendue par le district de Meaux et rachetée par M. Pierre-Martin Cochu, de Dammartin, qui paya douze mille francs pour la sauver de la ruine. L'église de St-Jean ne fut guère plus respectée, mais elle fut conservée et plus tard rendue au culte. En 1795, M. Lemire, ancien chanoine de Notre-Dame, racheta cette église de M. Cochu, et, le premier, osa la rouvrir au culte catholique ; le 22 mars, jour à jamais célèbre dans les annales de la piété Dammartinoise, il y célébra publiquement l'office divin. Nulle église alors n'était libre ni disponible en France, celle de Notre-Dame l'était seule, par les pieux efforts de M. Lemire. Le peuple de la ville et celui des environs était en foule réuni, M. Lemire s'avance, quatre enfants de chœur le suivent, Bruslé, Courtier, Ploque et Dartinet, tous quatre ses élèves et enfants du pays. Si une nouvelle crise révolutionnaire eût éclaté alors, ces quatre autres Machabées et ce nouvel Ézéchias eussent eu la palme du martyre. Il se revêt de ses habits sacerdotaux, une cloche muette depuis longtemps sonne et réveille dans les âmes chrétiennes des souvenirs attendrissants, les portes de l'église s'ouvrent et montrent aux yeux des fidèles sa vaste enceinte parée pour la solennité du jour, et belle encore, quoique flétrie et profanée par la main du vandalisme. M. Lemire s'avance, sa figure grave, son air inspiré, commandent le respect, il porte dans ses mains pieuses et montre à la foule, avide d'en voir le saint usage, un christ en bois sauvé du pillage et un calice qu'il a fabriqué lui-même d'un gobelet d'argent Un silence morne et auguste se répand devant sa marche imposante, il monte à l'autel qu'il a relevé la veille, et fait à haute voix la bénédiction de l'église ; le peuple se prosterne d'un mouvement spontané, la crainte est sur tous les visages, et la piété dans tous les cœurs. Cependant l'office est commencé, des gendarmes, des officiers municipaux se présentent, mais tout reste calme, on se regarde avec étonnement ; voilà que l'orgue gronde, les pleurs coulent, la prière est sur les lèvres, le cœur concentre à peine les émotions dont il est rempli, on assiste en tremblant à cet acte hardi d'un culte qui peut encore avoir ses martyrs, on dirait être en ces temps, où les premiers chrétiens, dans la crainte d'un Néron, célébraient en secret leurs saints mystères sous les catacombes de Rome. Enfin le *Te Deum* est entonné ; à ce chant sacré mille voix s'échappent comme d'un seul cœur, et montent avec l'encens frapper d'un éclat religieux ces voûtes sonores, d'où semblent descendre la joie et la consolation, l'enceinte retentit de ce cantique qu'au milieu d'Israël un autre Moïse entonne à la gloire du vrai Dieu. Le pain bénit est présenté par Louise Poissonnier, épouse de Pierre-Martin Cochu, on se partage en famille ce pain d'union qui rappelle l'égalité parmi les enfants d'un même père.

En ces temps encore, les eaux de la mortalité submergeaient le sol Français, on n'y voyait partout que trouble et confusion ; Notre-Dame sur cette mer des tempêtes était pour les chrétiens la seule arche sainte, la seule planche de salut, d'où s'élevaient les voix qui allaient demander grâce au ciel des crimes de la terre. L'office fut célébré dans le plus bel ordre, l'autorité locale, qui y avait assisté accompagnée de la gendarmerie, n'osa y mettre aucun obstacle, et M. Lemire se retira entouré d'un peuple nombreux qui le comblait de bénédictions et qui l'eût défendu de son sang.

C'est de cette époque que date le rétablissement de l'office paroissial dans l'église de Notre-Dame, et peut-être en France. Au concordat de 1801, sous M. de Barral, évêque de Meaux, cette église fut érigée en succursale et celle de St-Jean, qu'on ouvrit alors, en paroisse. M. Lemire, qui avait été pendant 18 ans attaché comme chanoine à la collégiale de Notre-Dame, desservit cette église, devenue paroisse pendant 22 ans, avec toutes les vertus d'un bon prêtre. En 1817 M. de Faudoas, son évêque, l'interdit par suite d'une indigne conspiration contre lui, et son église qui était restée sa propriété, fut fermée ; on poussa la malveillance à son égard jusqu'à l'obliger à s'éloigner de Dammartin, où on lui faisait le sot et honorable reproche d'être trop aimé ; les habitants réclamèrent contre cet acte de criante iniquité, mais la malveillance les devançait partout, la prévention régnait contre eux, ils ne furent pas écoutés.

M. Lemire se retira à Versigny, près Nanteuil, M. Loth de Beaulieu, châtelain du pays, et M. de Bombelles, évêque du diocèse, recueillirent et accueillirent en lui le mérite infortuné ; il y mourut desservant de trois paroisses et regretté de tout le monde, le 29 décembre 1824, à l'âge de 73 ans. Le 13 juillet 1856, à ma requête, et par décision du conseil municipal, ses restes exhumés du cimetière de Versigny ont été déposés dans le caveau de l'église de Notre-Dame, à Dammartin. Il fit un testament par lequel il légua son église à la ville de Dammartin, désirant qu'elle fût conservée pour le culte catholique, et il me nomma son exécuteur testamentaire.

C'était un de ces hommes que la providence envoie de temps en temps sur la terre comme un contre-poids aux peines des affligés et aux actions des méchants, et qui, dans un siècle dépravé, payent de leur repos, quelquefois de leur vie, l'opposition qu'ils mettent à la prescription du vice contre la vertu.

J'étais son élève et son ami ; j'allais quelquefois le voir

dans sa retraite, il m'emmenait avec lui à la chapelle des Marais, près Nanteuil, pays de sa naissance. Cette chapelle, située dans le voisinage d'un étang, au milieu d'un riant vallon, est une antique fondation de Philippe II, seigneur de Nanteuil, en 1237. Elle était en ruines, M. Lemire la fit réédifier à ses frais, il en posa la première pierre le 9 juin 1821 et la donna en mourant à la commune de Nanteuil. C'était là que sur ses vieux jours, il venait, solitaire, se recueillir dans le sein de la nature et de Dieu.

Souvent aussi nous allions à une lieue de là, voir le bon curé de Proy, M. Crété, son ancien ami ; celui-ci était un vieillard octogénaire, grand, maigre et d'une figure telle que la sagesse en eût pris une, si elle eût voulu se montrer sous une forme humaine. M. Lemire avait été avec lui camarade d'enfance au séminaire de Meaux, et prêtre à Dammartin. Plus tard, la révolution les avait séparés, mais sur le soir de leur vie, ils se trouvaient toujours amis sous la même bannière, et ils avaient de vieux souvenirs à se rappeler ; sa maison, voisine de l'église, était une modique chaumière à l'entrée de laquelle on lisait : *Sat morituro*, assez pour qui doit mourir. Il y avait par derrière un petit jardin entouré d'une haie vive, où le vieux prêtre cultivait le peu de légumes nécessaire à ses besoins. C'était là, qu'en compagnie d'une femme de 95 ans, vivait dans l'humilité d'une sainte vie, cet apôtre de l'évangile, et c'était de là que du sein de la pauvreté partaient le bienfait et l'espérance qui, au nom du ciel, allaient consoler les enfants du hameau.

J'ai approché des hauts dignitaires de l'église, j'ai parlé aux évêques dans leurs palais, je n'ai point éprouvé en les voyant cette vénération profonde qu'inspirait ce vieux curé sous cette chaumière. Il nous offrait une collation frugale, que sa vieille servante, comme une autre Marthe, nous présentait sous un berceau de vigne ; et comme deux pèlerins à la fin d'un long voyage, ces deux pasteurs se racontaient les divers événements de la route qu'ils avaient parcourue. Ils étaient tous deux blanchis par l'âge et prêts à aller rendre leur compte au Dieu qui les avait envoyés sur la terre, où ils avaient versé leur biens, recueilli les maux et déposé au pied de la croix les pleurs et les joies de ce monde. Après avoir accompli leur mission divine, ils se félicitaient d'entrer ensemble au port du salut. J'ai vu s'éteindre presque en même temps ces deux doyens du sacerdoce, et je devais à leur mémoire de ne pas les oublier en parlant d'un pays où ils furent tant connus et regrettés.

M. Lemire était un homme lettré et très-érudit, il avait des vertus et de grandes lumières, mais il avait dans le caractère de l'indépendance et de la fierté ; il ne savait pas descendre aux convenances sociales et se plier assez aux déférences envers ses supérieurs, ce qui pour sa disgrâce donna un grand avantage contre lui aux ennemis que lui avaient faits ses mérites bien plus que ses défauts.

Alors était maire à Dammartin M. Louis-Jean-Hubert Lavollée ; il administra la commune pendant 22 ans, avec un dévouement aussi généreux qu'éclairé, il sacrifia sa fortune et exposa sa vie pour le pays. En 1814, il mit sa tête en gage pour empêcher le pillage qu'y voulait faire une troupe de Cosaques ; les habitants lui offrirent une récompense civique et sollicitèrent pour lui la décoration qu'il obtint. Dammartin lui doit ses principaux établissements : ses innovations y firent sa célébrité, il y établit des foires, des fêtes, des marchés, une compagnie de pompiers, avec deux pompes, des barrières, un octroi, une école dite Lancastre, des réverbères, des promenades, et fit paver des places et des rues.

Le collége institué en 1734, par M. de Bissy, n'existait plus, M. Lavollée le rétablit, il le fit reconnaître par l'université, et y affecta le produit des dotations faites à l'hospice pour l'instruction gratuite de six garçons nés de familles indigentes du pays. L'obligation imposée par ces dotations a toujours été jusqu'à ce jour fidèlement remplie.

En 1810, il acheta les ruines et la place de l'ancien château-fort, il fit fouiller ses décombres, on y trouva des pièces de monnaie frappées en différents siècles, quelques vieilles armures, et des cercueils en plâtre renfermant des squelettes qu'on a présumé être ceux des anciens comtes du pays; une inscription gravée sur une pierre de ces tombes était tellement martelée qu'on n'en put déchiffrer un seul mot. M. Lavollée fit niveler ce terrain et y traça les belles promenades qu'on y admire aujourd'hui, il voulut que chaque habitant y plantât lui-même l'arbre qui devait ombrager sa postérité. Le 2 décembre 1810, à l'issue d'une cérémonie religieuse faite pour l'anniversaire du couronnement de Napoléon et de la bataille d'Austerlitz, le Conseil municipal accompagné de la Compagnie de Pompiers et suivi de toute la population du pays, se rendit sur les nouvelles promenades pour y planter les premiers arbres destinés à en faire l'ornement; tout le monde l'imita, et cette plantation qui se fit au son de la musique, et aux joyeux refrains d'une chanson patriotique, fut une fête pour le pays.

Le Conseil municipal voulant en cette circonstance donner à M. Lavollée une preuve durable de sa reconnaissance pour l'établissement de ces promenades, arrêta que la portion de l'esplanade qui regarde la route de Soissons hors l'enceinte du cercle, porterait le nom de place Lavollée, et qu'elle serait consacrée à recevoir un monument ; que la partie qui excède l'enceinte au midi, se nommerait Salle de danse ; que la partie extérieure formant les promenades basses, serait désignée sous le nom de Tour-des-Fossés, et que la partie entre le Tour-des-Fossés et l'Esplanade devant être consacrée à l'établissement de différents jeux, se nommerait l'Élysée.

L'amour de M. Lavollée, pour la petite ville qu'il administrait, lui suggérait chaque jour de nouveaux projets pour son utilité et son embellissement ; mais en 1816, il se trouva compromis dans une division qui éclata entre les deux prêtres de la ville ; la discorde régnait entre les deux paroisses, des plaintes furent portées à l'évêché, Notre-Dame fut fermée et M. Lemire interdit. Les habitants de cette paroisse s'en prirent à M. Lavollée, il n'était pas étranger à ces différends, il fut accusé, calomnié ; le gouvernement venait de changer ; sa fortune changea avec lui, il tomba dans la disgrâce, et fut obligé de demander à la ville le prix des sacrifices qu'il avait faits pour elle, il lui abandonna les promenades qui étaient sa propriété, moyennant une somme (1) et finit par quitter ce pays où sa mémoire ne peut être oubliée, mais où il éprouva que, qui travaille pour le public ne travaille souvent que pour un ingrat.

Napoléon venait de terminer sa carrière de gloire, il était sorti d'une révolution comme le soleil d'un orage, les hommes qui composaient son gouvernement étaient comme des rayons de cet astre qui vivifiait nos provinces. Sous lui la France porta longtemps le sceptre des

_____

(1) 40,000 francs payables en 40 ans, avec intérêt de 5 pour %. Le premier paiement a commencé le 1er janvier 1820, le dernier a devancé le terme indiqué.

conquêtes, elle soumit tout à l'ambition de son héros, mais parvenue au dernier degré de triomphe et de gloire, elle ne pouvait plus que descendre, et du faîte des grandeurs elle tomba dans l'abîme des revers.

Après la défaite de Waterloo, Napoléon repassa par Dammartin, le 20 juin 1815 ; ce n'était plus ce conquérant fier de sa renommée, sûr de ses destins, conduisant au pas de charge un peuple de héros à la victoire, il était sans suite, au fond d'une petite voiture, la tête appuyée sur sa main, l'esprit absorbé dans de profondes réflexions ; sa voiture fut relayée et repartit, je crois, sans qu'il s'en aperçût. Les débris de son armée passèrent quelques jours après. Une noble douleur se lisait sur ces mâles figures bronzées par le soleil d'Égypte ; ces braves qu'on avait vus naguères si fiers, si glorieux, maintenant mornes, silencieux et presque tous blessés, semblaient souffrir moins de leurs maux que de la nécessité d'une retraite devant ceux qu'ils avaient tant de fois vaincus.

Les Prussiens les suivaient ; ils entrèrent à Dammartin, le 28 juin 1815 (1) ; le prince Bulon, qui commandait ce corps d'armée y coucha ; 25,000 hommes bivouaquèrent sur la montagne et plus de 60,000 y défilèrent le lendemain en se dirigeant sur Paris. Le brave Lefèvre-Desnouettes, colonel des chasseurs de la garde, resté seul à Dammartin, attendit leur avant-garde au milieu de la rue, il leur fit signe de son sabre d'approcher et déchargea sur eux ses deux pistolets ; huit éclaireurs s'élancèrent à sa poursuite, mais il leur

(1) Ils y entrèrent aussi le 15 septembre 1870, et n'en sortirent que vers la fin de juin 1871, après avoir causé à notre ville un préjudice de près de huit cent mille francs et de plus de cinq millions à notre canton Cette malheureuse invasion coûta environ dix milliards à la France. (Voir ma brochure : *les Prussiens à Dammartin*).

échappa. On craignait le pillage, les portes étaient fermées, les rues désertes et la ville muette de terreur : un homme seul y paraît, un Christ d'une main, un Lys de l'autre ; il s'avance vers l'ennemi, un groupe de soldats l'entoure, c'était M. Lemire, il les conduit chez le maire ; celui-ci paraît, rassure les habitants, accueille ces étrangers et s'empresse de leur faire délivrer les vivres dont ils ont besoin. Grâce aux soins prévoyants et aux nombreux sacrifices de cet habile magistrat, dans ce bouleversement général, la paix, l'ordre ne furent point longtemps troublés à Dammartin. Un jour cependant, on y vit une scène affligeante ; un homme, les mains liées derrière le dos, les jambes entravées par un bâton, marchait péniblement au milieu d'un gros de Prussiens armés ; il allait, disait-on, être fusillé, c'était le sieur Pommier, de Moussy-le-vieux ; cet ancien militaire n'avait pu voir de sang-froid sa maison envahie et pillée, il avait fait feu sur des soldats qui allaient se venger par sa mort. Mlle Pommier, sa nièce, se précipite aux genoux d'un chef, elle obtient que l'exécution soit suspendue, elle court à Paris, invoque la clémence du prince Blucher, et revient à Dammartin avec la grâce de son oncle qui fut délivré à l'instant.

Le 28 octobre de la même année, l'empereur Alexandre, l'archiduc Constantin, son frère, et Frédéric, roi de Prusse, passèrent à Dammartin, où leurs voitures furent relayées ; les autorités réunies en corps et précédées de la compagnie de pompiers les attendirent à l'entrée du pays. Mais ces souverains voyageaient dans un tel incognito, qu'on les laissa passer sans les reconnaître, le gouvernement d'alors avait donné l'ordre de reconnaître l'empereur de Russie et Constantin, l'archiduc, et avait défendu de reconnaître le roi de Prusse.

M. Lavollée, maire, éprouvait à ce sujet le plus grand embarras ; une voiture à huit chevaux arrive : il demande à une personne de cette voiture si l'empereur est près d'arriver. Pourquoi cela ? lui dit-on. — Parce que j'ai l'ordre de lui rendre tous les honneurs. — Et au roi de Prusse ? — Je n'ai pas d'ordre. Alors le roi de Prusse qui était dans cette voiture, se montre et dit : Dans une heure Alexandre arrivera. La voiture continua et M. Lavollée resta confus.

Une heure après, Alexandre arriva, mais il passa rapidement et ne s'arrêta qu'à la poste. Il était dans un char ouvert, Constantin, son frère, près de lui ; ils se découvrirent et répondirent gracieusement à la foule et aux dames qui s'empressaient pour les voir et les saluer. Des femmes venues de la halle de Paris, leur présentèrent des fleurs et en furent récompensées. Pendant ce temps, M. Lavollée, au sein du corps municipal et de ses pompiers, accourait tambour battant pour leur rendre les honneurs, mais à peine put-il leur parler, les chevaux étaient prêts, Alexandre, fit un signe, et l'équipage partit.

Aux Prussiens succédèrent les Russes ; ils cantonnèrent plus de trois mois à Dammartin, à la charge des habitants. Mais ils étaient moins exigeants. Tous les soirs ils se réunissaient pour la prière à laquelle ils mêlaient une musique qu'on écoutait avec plaisir ; quand ils quittèrent le pays ils n'étaient déjà plus des ennemis.

Louis XVIII avait repris les rênes de l'Etat, la France, sous ce règne paisible, jouissait de tout le bonheur qu'elle pouvait espérer ; M. Dupille, était maire, une nouvelle administration avait succédé à celle de M. Lavollée, mais avec les mêmes intentions pour le bien du pays, elle ne put faire ce qu'avait fait la première, les temps étaient changés et la ville se trouvait obérée ;

cependant ses nouveaux administrateurs signalèrent leur zèle pour la classe malheureuse, l'hospice fut augmenté, une souscription fut ouverte et chacun y figura pour l'abolition de la mendicité, les pauvres furent secourus, des travaux publics furent établis pour l'ouvrier indigent, on répara des chemins, des rues, des fontaines, on réforma quelques abus et les habitants se consolaient des troubles passés par la sécurité présente. Cependant une chose manquait encore à leurs vœux; sous un règne pieux la religion florissait, de nouvelles églises s'ouvraient de toute part et celle de Notre-Dame restait interdite. M. Lemire, par son testament l'avait léguée à la ville de Dammartin, mais le testateur avait des créanciers, ce legs ne pouvait être gratuit et la ville était obérée; elle refusa. L'exécuteur testamentaire fit des démarches, il intéressa à cette église Madame la Dauphine, qui vint la visiter (1) avec plusieurs grands personnages. Il sollicita la munificence de la cour, elle donna huit mille francs, et par une ordonnance de Charles X, en date du 4 juin 1826, le Conseil municipal fut autorisé à accepter et restaurer cette église. Enfin, le 17 décembre 1828, le culte y fut rétabli par M. de Cosnac, évêque de Meaux.

Un règlement fait, et lu en chaire par ce prélat, institue l'église de Notre-Dame, chapelle de secours

---

(1) C'était le 19 avril 1825; en s'arrêtant devant le mausolée de M. de Chabannes, elle demanda quelle était la personne qu'il représentait. Les gentilshommes qui l'accompagnaient ne pouvaient répondre; j'étais présent comme exécuteur testamentaire et comme adjoint : Madame, lui dis-je, c'est cet homme qui sauva Charles VII d'une conspiration, et Louis XI d'une trahison. C'est le comte de Chabannes; nous avons hérité de lui le dévouement, l'amour pour nos rois, et nous vous recommandons dans cette église un des plus beaux monuments de sa gloire. — J'y ferai tout ce que je pourrai, me dit-elle; et elle tint parole.

annexée à la paroisse et desservie par elle. Il fixe à une messe basse avec chant tous les dimanches et une grande messe certains jours de l'année, le service divin dans cette église, et y fonde quatre messes funèbres par an, et à perpétuité pour M. Lemire, son donateur. Ce règlement a été jusqu'à ce jour religieusement observé; la réunion des deux églises, a ramené l'accord et la paix entre les deux quartiers dont les habitants, longtemps divisés, ne font plus aujourd'hui qu'une seule famille. Malheur au ministre, à l'autorité, qui par une déviation à ce règlement ou par la moindre atteinte portée à l'un ou à l'autre de ces religieux et antiques monuments, viendrait de nouveau troubler cette union.

La conquête d'Alger venait d'être terminée, la France, puissante et glorieuse, avait repris son premier rang parmi les nations, tout semblait au dehors, comme à l'intérieur devoir assurer sa gloire et sa prospérité, mais des levains de discorde fermentaient encore dans son sein; depuis longtemps un parti conspirait, la presse visait à une révolution, elle y parvint (1).

Dammartin, placé sous l'influence de la capitale, suivit la direction qu'elle imprimait à toute la France, quelques esprits y fermentèrent, mais l'ordre fut maintenu, la

(1) De la révolution de 1790, sont sortis le fanatisme républicain et le despotisme militaire. De la révolution de 1830, sont sortis l'égoïme civil et la divergence des opinions entretenues et mises en fermentation par la presse. De là, tant d'opposition pour parlementer et si peu d'unité pour agir. Qu'a donc gagné à ces révolutions le peuple qui les a payées de son sang ?... Ce n'est pas seulement quand elle aura changé notre gouvernement qu'une révolution nous aura été profitable, c'est quand elle aura retrempé nos cœurs dans l'amour sacré de la patrie ; c'est quand elle aura épuré nos mœurs et nos lois ; c'est quand elle nous aura porté à préférer les intérêts de notre pays à ceux de notre fortune, et la vie d'un homme à notre justice qui le tue.

prompte organisation d'une garde nationale, une députation au nouveau roi, une collecte pour les victimes des journées de Juillet, y manifestèrent le zèle et le dévouement des habitants. J'y remplissais alors les triples fonctions de maire, de commissaire de police et de ministère public près de son tribunal, et j'eus souvent lieu d'apprécier la modération et l'actif patriotisme de mes concitoyens.

La petite ville de Dammartin est à 9 lieues S. E. de de Paris, 5 N. O. de Meaux, et 5 S. de Senlis. Elle est située sur une montagne dont elle couvre la pente et couronne la cime et d'où elle domine son canton. Vue des plaines de Juilly et de Thieux, elle offre l'aspect d'une grande ville ; on admire, au midi, ses maisons, ses jardins, ses terrasses qui s'élèvent par étage et que surmontent ses deux églises et ses moulins ailés. On remarque par dessus tout, cette haute esplanade dont le cercle marque l'emplacement de son ancienne forteresse, et dont les belles promenades parent d'une riante verdure ces vieux débris que vingt siècles n'ont pu détruire.

Vue des plaines d'Eve et d'Othis, elle offre un tableau pittoresque, ce sont les teintes rembrunies et variées des bois, des prés et des vergers qui tapissent, jusqu'à Montcrépin, les flancs accidentés de la montagne. Le petit château de la Tuilerie, les maisons isolées de Gèvres et de la Corbie, l'angle aigu et ardoisé du clocher de Saint-Jean, le moderne campanile de Notre-Dame, apparaissent à différentes distances au milieu des arbres qui les masquent et les dévoilent tour à tour, et dont le vert rideau les abrite des vents du nord. On voit encore, vers l'orient, les restes blanchâtres des glacis et des remparts de l'antique demeure féodale de ses comtes, et cette belle rotonde de verdure qui remplace ses tours formidables.

Dammartin offre peu d'apparence de ce côté; la médiocrité du sol, les bois dont il fut longtemps couvert, l'exposition du nord, portèrent les habitants à préférer la côte opposée; c'est dans l'intervalle compris entre Saint-Mard et Longpérier que Dammartin et sa montagne présentent la plus belle étendue et les plus riches productions. Cette montagne s'élève à 133 mètres au-dessus du sol de Paris, celle de Montgé à l'est, et de Montmélian au nord, sont plus hautes; la première de 20 mètres, la seconde de 25. On y voit des carrières de gypse, des couches profondes de glaise et de sable, et six moulins à vent (1). Elle fut longtemps couverte de bois; par la suite elle fut fouillée pour les différentes constructions du pays, et plantée d'un grand nombre d'arbres fruitiers. La circonférence de cette montagne embrasse onze kilomètres.

Dammartin est un chef-lieu. Son canton, l'un des plus riches et des plus étendus de l'arrondissement de Meaux, se compose avec lui de 23 communes. Dammartin, Cuisy, Forfery, Gèvres, Juilly, Longpérier, Le Mesnil, Le Plessis-Lévêque Monthyon, Montgé, Moussy-le-Vieux, Moussy-le-Neuf, Mauregard, Marchémorest, Oissery, Othis, Rouvres, Saint-Mard, Saint-Pathus, Saint-Soupplets, Thieux, Vinantes et Villeneuve. La population de ces communes s'élève à dix mille âmes environ : Le sol de Dammartin est très-fertile en grains, fruits et fourrages, qui font le principal objet de son commerce ; son terroir contient 858 hectares, 14 ares, 47 centiares, donnant un produit de 32,449 fr. 56 cent. ainsi divisés :

Terres	459 h.	18 a.	93 c. produit	17,519 f.	c.
Prés	314	97	83 —	10,988	83
A reporter. .	774	16	76 —	28,507	83

(1) Ces moulins n'existent plus.

Report . . .	774	16	76	—	28,507	83
Bois	51	19	48	—	1,455	92
Mares	»»	37	69	—	1	88
Jardins	22	89	49	—	1,951	33
Sol de propriétés .	»»	»»	»»	—	»»	»»
Bâties	9	51	5	—	532	60
Total	858	14	47	—	32,449	56

Par ce produit de 32,449 fr. 56 cent., il faut entendre l'estimation cadastrale sur laquelle est établi l'impôt foncier. On remarque aussi sur notre terroir de belles pépinières d'arbres de toutes espèces, tenues les unes par M. Dodard, les autres par M. Barbou.

Dammartin est un lieu d'étape militaire ; il se compose de 432 maisons ; sa population varie de 18 à 19 cents âmes. C'est le siége d'un tribunal de paix, la résidence d'un receveur d'enregistrement, de receveurs de contributions directes et indirectes, de deux notaires, et d'une brigade de gendarmerie. Il y a une caisse d'épargne succursale de celle de Meaux, un bureau de la poste aux lettres, un bureau de charité, une société de secours mutuels, fondée par M. Hémar qui en est le président, une voiture-omnibus conduisant quatre fois par jour à la gare de St-Mard ; on y compte quatre maisons d'institution pour les enfants des deux sexes, une fabrique de boutons ; il s'y tient un marché le jeudi de chaque semaine, et deux foires par an. Le produit de son octroi et de ses places peut s'élever à 6,000 francs. La route de Reims et des Ardennes qui le traverse est très-commer-

(1) Autrefois les seigneurs de Dammartin avaient droit de prélever un sou de l'acheteur et autant du vendeur sur chaque setier de blé.

çante. Ses deux églises sont de moyenne étendue et
construites dans le style gothique ; celle de Saint-Jean,
qui est la plus grande et la plus régulière dans sa forme,
est aujourd'hui la seule paroisse du pays ; elle est fermée en ce moment pour cause de réparations néces-
saires. Notre-Dame lui sert d'annexe ; elle se distingue
par la majesté de son chœur, l'un des plus beaux du diocèse, la peinture de ses vitraux, le travail et la richesse
de sa grille, et la hardiesse du baldaquin de son maître-
autel ; elle possède un orgue de première dimension mais
en vétusté, et plusieurs tableaux remarquables, dont un
représentant saint Guillaume, archevêque de Bourges,
au lit de mort (1). Son ancienne tour s'élevait à 50 mètres, elle avait quatre ouies sur chaque face et renfermait deux horloges et onze cloches, dont une eut pour
parrain Bossuet. On remarque, au milieu du chœur, le
mausolée et la statue en pierre de M. le comte de
Chabannes (2). Sa sculpture n'a rien de remarquable,
elle remonte à l'enfance de l'art ; on lit cette inscription
gravée en lettres gothiques autour de la pierre qui recouvre ce mausolée :

« Ci git puissant seigneur Messire Antoine de Cha-
« bannes, chevalier de l'ordre du roi notre sire, en son
« vivant, comte de Dampmartin, baron de Toury et de
« Tours, en Champagne, et seigneur de St-Fargeau de
« St-Maurice, de Courtenaye et du pays de Puysaie, et
« grand maître de France, et fut premier fondeur du
« chapitre et colliége de l'église de céans, « lequel tré-
« passa le jour de Noël de l'an de grâce mil quatre
« cent quatre-vingt et huit : Dieu lui fasse pardon à

(1) M. Berthemet, notre doyen, a fait restaurer ce tableau.
(2) Cette statue a été moulée en juillet 1847 pour être placée
au Musée du palais de Versailles.

« l'âme et à tous autres trépassés : Amen, — Pater nos-
« ter. »

Un caveau, pratiqué sous ce mausolée, renferme les
cendres de ce héros fondateur, un gros mur en soutient
la voûte et le divise en deux parties ; dans la première
est un cercueil au-dessus duquel on lit ces mots gravés
sur une pierre plaquée sur le mur :

« Ce tombeau renferme les dépouilles d'Antoine de
« Chabannes, fondateur de la collégiale, marié en 1439 à
« Marguerite de Nanteuil, et décédé le 25 décembre 1488.
« Dans le caveau voisin, selon toute vraisemblance,
« sont celles d'Antoinette de Chabannes, sa petite-fille.
« Ces restes précieux, que les Dammartinois vénèrent
« et qu'ils recommandent à la postérité, ont échappé aux
« fureurs du XVIIIᵉ siècle par les soins de L.-J. Hubert
« Lavollée, maire de la ville, et de P.-S. Lemire, pasteur
« de cette église, l'an 12 de la république, 1ᵉʳ du règne
« de Bonaparte. »

Dans la seconde partie est un cercueil en plomb renfermant les mânes d'Antoinette de Chabannes, dont il
est parlé dans l'inscription ; lorsqu'on ouvrit ce cercueil,
en 1804, on remarqua que le cœur de cette personne s'é-
tait, dans son squelette, conservé tout entier.

Antoine de Chabannes, fondateur de la collégiale,
connu dans l'histoire sous le nom de Dammartin, descendait de Guillaume de Matha, de la maison des anciens
comtes d'Angoulême, qui vivaient vers l'an 1126. Il fut
chevalier de l'ordre du roi, sénéchal de Carcassonne,
bailli de Troie, grand maître de France et gouverneur
de Paris ; c'était un de ces braves qui savent mieux agir
que parler ; il naquit en 1411 et fit ses premières armes
sous le comte de Vantadour et le seigneur de La Hire.
En 1440, il prit le parti du Dauphin. Dans la guerre de
la Praguerie, en 1443, à la tête d'une troupe de seigneurs

rebelles, il ravagea une partie de la Bourgogne, et ran-
çonna sire de Beaumont, maréchal de cette province.
Depuis, à la sollicitation du duc de Bourgogne, il s'atta-
cha au roi Charles VII, qui le fit grand pannetier de
France, et l'employa dans toutes les guerres qu'il eut à
soutenir contre les Anglais. A la mort de ce roi, il s'é-
loigna de la cour et erra pendant quelques années sans
oser se présenter devant le nouveau roi son ennemi. En
1463, Louis XI, après l'avoir fait condamner à mort, le
fit enfermer à la Bastille, c'est là qu'il fit le vœu, qu'il
exécuta par la suite, de fonder un chapitre sous l'invocation de la vierge. L'année suivante, il parcourut la
Bretagne et le Gatinois ; quelque temps après il se jeta
dans la ligue dite du Bien Public, ensuite il rentra dans
les bonnes grâces du roi qui lui rendit ses titres et tous
ses biens, et à qui il rendit d'importants services.

Chabannes remit le comté d'Armagnac sous l'obéissance du roi ; il jeta du secours dans les villes de Liége,
d'Amiens, de Beauvais, de Pontoise, assiégées par le
duc de Bourgogne ; il défendit vaillamment les frontières de la Picardie et de la Champagne confiées à sa garde,
et contribua beaucoup à la délivrance de Louis XI, que
le duc de Bourgogne retenait prisonnier à Péronne.
Charles VII, sur la fin de ses jours, ne voulait recevoir
d'aliments que par ses mains (1). Ce fut lui qui avertit ce
prince de la conspiration de son fils. Le Dauphin le traita
d'imposteur, Chabannes offrit la preuve par le combat
contre tout seigneur de la cour, personne n'osa se me-

(1) Depuis huit jours ce malheureux prince n'avait rien mangé
de peur d'être empoisonné. Chabannes lui présenta un coulis :
— Goutez, sire, lui dit-il, je prends sur ma vie qu'il n'y a chose
qui ne soit bonne. — Comte, lui dit le roi, je ne me méfie pas de
vous. Mais lorsqu'il en voulut prendre, les conduits étaient tellement rétrécis qu'il ne put rien avaler ; il mourut peu après.

surer avec lui. Plus tard, il mérita toute la confiance de
Louis XI. Ce prince, en lui remettant le commandement
de l'armée de la Champagne en 1450, voulut que les ma-
réchaux Rouhault et Loheac servissent sous lui. Il le
consultait sur tout, et lui écrivait en style dont lui seul
et Chabannes avaient la clef. En 1479, la guerre de Flandre étant finie, Chabannes, après de longues et glorieuses
campagnes, se retira dans sa terre de Dammartin ; Louis
XI y venait le voir, il le traita toujours avec de grands
égards, et lui conserva sa pension qui était de 25,000 f.,
somme considérable pour le temps. Chabannes fut le
contemporain des La Hire, des Xaintrailles, des Dunois ;
Jeanne Darc et Jeanne Hachette furent témoins de sa
valeur. Agnès Sorel connut sa tendresse ; elle l'aimait
parce qu'il était un des plus beaux et des plus vaillants
hommes de la cour de Charles VII. L'église rétablie par
ce héros, celle de St-Jean, l'Hôtel-Dieu et l'Hôtel-de-
Ville sont aujourd'hui les seuls monuments publics qui
existent à Dammartin ; les maisons de la Tuilerie, de la
gendarmerie, du Calvaire, de Gèvres, de la Corbie, celle
construite par M. Lavollée et embellie par M. Gravier
et celles que viennent d'édifier MM. Labarthe, Lefèvre,
Letertre et Vincent Réné, sont les plus remarquables
du pays ; quelques autres sont fort plaisantes, toutes
tirent de leur situation leur principal agrément.

L'eau y est commune sur les versants de la montagne,
mais très-rare dans le pays ; dans les puits, elle est profonde et mauvaise. Dans un endroit élevé, à un kilomètre environ au nord de Dammartin, existe une source
d'eau douce qui pourrait alimenter une fontaine au milieu de la ville, M. Lavollée en avait conçu le projet,
mais il ne put l'exécuter ; la situation pécuniaire du
pays rendrait cette œuvre encore plus difficile aujour-
d'hui. M. Dupille, en succédant à M. Lavollée, fit répa-

rer la voûte et le bassin de la fontaine dite d'Eau-Bonne.
M. Kiggen a fait reconstruire ensuite le lavoir de la
Saine-Fontaine dont la source est très-abondante, et
paver le chemin qui y conduit ; mais il manque toujours
à Dammartin une fontaine salubre pour le public et un
gué propre pour les chevaux ; espérons que dans des
temps opportuns, cet objet intéressera la sollicitude de
l'administration. En 1865, M. le baron de Montbrun,
maire de Dammartin, dont l'administration a pu apprécier le dévouement et qui toujours prit l'initiative pour
des établissements utiles, avait proposé un projet de
forage pour une distribution d'eau dans la ville. Ce projet, adopté par le conseil, ne l'a pas été par la préfec-
ture, qui, dans le doute du succès et la prévision d'une
grande dépense à la charge des habitants, a cru ne devoir pas autoriser.

Sur la montagne où il est situé, Dammartin est entouré de nombreux jardins ; du sein d'une riche plaine,
ils s'élèvent en amphithéâtre jusqu'aux murs de la ville
et présentent le plus riant aspect. Les bois du Jarre et
des Sables, au sud-est, en sont la promenade la plus
agréable et la plus fréquentée ; c'est, dans l'été, le rendez-
vous de la jeunesse et des amours, de la vieillesse et des
souvenirs. D'immenses vergers couvrent au loin les
côtes fertiles de la montagne et les tapissent de fleurs
de verdure et de fruits. Les promenades, aux portes de
la ville, sont magnifiques, l'esplanade en est la partie la
plus élevée, elle offre un point de vue universel ; Racine
le tragique, aimait quand il passait à Dammartin, à visiter cette position ; c'est à lui qu'on attribue ce dicton si
connu :

> Voici Dammartin en Goële,
> C'est notre France la plus belle ;
> D'ici, sans l'arbre et le buisson,
> Je verrais ma Ferté-Milon.

En 1810, M. Cambacérès, archichancelier de l'empire, vint, conduit par M. Lavollée, admirer ce point de vue ; quatre ans plus tard, cette position avait été désignée pour le projet d'un parc d'artillerie, mais la rapidité des armées alliées fit échouer ce projet. Là tout est plein de souvenirs historiques ; sur les débris de ces tours, de ces ramparts, des jeux innocents ont succédé aux horreurs de la guerre. Le flageolet résonne où grondait la bombe, l'enfant joue où combattaient ses pères, et sous ces beaux arbres qui enferment d'un cercle de verdure le vieux manoir des Chabannes, le vieillard vient sourire aux divertissements de la jeunesse qui lui rappellent les beaux jours de son printemps. Au bord de ces promenades vient de s'élever une jolie maison que M. Pascal y a fait construire.

De ce point élevé, l'œil voit se ranger en cercle autour de lui les pays les plus remarquables des environs de Dammartin ; il voit dans le lointain les hauteurs de Couvray, Carnetin et Chaumont, les buttes de Montmartre, du Calvaire, de Sannois, les montagnes d'Ecouen, de Montmélian, de St-Christophe, où existe encore le superbe château construit par le cardinal de Bernis, et les prisons de Clermont, qu'à yeux nus on distingue très-bien dans un enfoncement de 14 lieues, et la vieille tour de Mont-Epiloy qui, dans l'horizon lointain, apparaît comme un immense fanal de terre, ou comme une borne antique des temps, à demi-penchée sous le choc des siècles. C'est dans cette tour, qu'avant d'être transférée dans les forteresses de Beaulieu de Beaurevoir et dans celle de Crotoy en Picardie, la célèbre Jeanne Darc, victime de son héroïsme, fut enfermée par les Anglais après le siége de Compiègne. C'est là aussi que plus tard, la perfide Catherine de Médicis, belle-mère du meilleur et propre mère du plus fanatique des rois, veñait contempler les combats de la Ligue qui se livraient dans les plaines de Baron.

Cette chaîne de montagnes forme un cercle horizontal qui enferme l'ancienne île de France comme dans un immense bassin ; quatre grandes rivières l'Aisne, la Marne, la Seine et l'Oise coulent au pied de ces montagnes et fertilisent une des plus belles contrées de France.

Dans un cercle plus rapproché, on découvre Senlis où sont les restes révérés de saint Rieul, son premier évêque, et dont la flèche est un chef-d'œuvre d'architecture ; Chantilly, si renommé pour ses belles écuries et la magnificence de son ancien château. Là se réunissaient Louis le Grand et le grand Condé, le grand Corneille et le grand Bossuet, les quatre merveilles de leur siècle. Mortefontaine où, d'un marais fangeux, le génie créateur de MM. Lepelletier et Durney sut tirer les rares beautés qu'on y admire aujourd'hui, où l'empereur Napoléon venait chez son frère Joseph, roi d'Espagne, se délasser du faste du trône dans le faste d'une belle nature, et où les Bernardin de St-Pierre et les Delille venaient puiser de sublimes inspirations ; Ermenonville, que Henri IV érigea en comté pour Dominique Devic, son brave compagnon d'armes, que l'architecte Morel dessina, qu'embellit le comte de Girardin et qu'illustra le philosophe Rousseau. Ce philosophe, qui retrouvait dans ces lieux ses rochers de la Meillerie et les jardins de sa Julie, n'en put jouir longtemps : il arriva à Ermenonville le 2 mai 1778 et y mourut le 2 juillet suivant d'une apoplexie séreuse et non par un suicide comme l'ont publié ses ennemis. Il y fut inhumé, selon son désir, au milieu d'un lac dans l'île des Peupliers, où M. de Girardin lui fit ériger un monument. Le 2 octobre 1794, les mânes de Rousseau furent, par ordre de la Convention, transférés au Panthéon. En 1814 et 1815, plu-

sieurs généraux des armées alliées et en 1871 des officiers prussiens vinrent à Ermenonville honorer la mémoire de ce philosophe ; on les vit incliner un front respectueux devant sa tombe et, dans un pillage général,
ordonner que la terre où il mourut fût respectée. Châalis,
dont l'antique abbaye, fondée par Louis le Gros en
1135, n'offre plus que des ruines vénérées ; là, vécurent
pendant des siècles et pour Dieu seul ces pieux cénobi-
tes dont toute la vie ne fut qu'une longue adoration.
Là, saint Louis humiliait son front couronné, et saint
Guillaume grandissait en vertus. Aujourd'hui des futs
de colonne, des fragments d'autel roulent sur l'herbe et
arrêtent le voyageur effrayé de voir en ce lieu la maison
de Dieu crouler comme celle de l'homme, sous le marteau de la destruction. Mme de Vatry, propriétaire de
ce curieux domaine, en a respecté les ruines et fait de
sa manse abbatiale un magnifique château. St-Sulpice,
dont l'ancien couvent a été converti en une jolie maison
de plaisance, où M. Ganneron, député, était souvent
visité des malheureux qu'il aimait à obliger. Le village
de Ver, où le roi Dagobert, dit-on, eut un château, où
vivait, en 1695, M. Jean-Baptiste Duruel, prêtre, docteur en Sorbonne, homme vénérable, célèbre par ses
vertus non moins que par sa science profonde et ses
démêlés avec les Jésuites ; il fut appelé par M. le cardinal de Noailles à la cure de Sarcelles, où sa mémoire est
encore très-honorée ; Eve où se voyait le château du
sage Derosnay, ancien président de la Cour royale ;
Montagny, où vécut le savant Alliot ; Versigny, où
mourut M. Lemire et dont le château, refait sur les des-
sins de M. de Junquières, est un des plus remarquables
de la contrée ; Othis, qui doit aux seigneurs de Beaupré
le beau portail de son église, dont le style renaissance
est orné de sculptures remarquables.

On découvre encore Nanteuil si célèbre par son château, dont la fondation remonte à Clovis Ier, et qu'illustrèrent dans les derniers siècles, les Schomberg, les Guise, les Estrées, les Condé ; son abbaye, de l'ordre de saint Benoist, était une des plus anciennes et des plus considérables de France. En 1225, Philippe Ier, l'un de ses seigneurs, obtint de Philippe de France, comte de Dammartin, le droit d'y établir un marché tous les vendredis. Nanteuil était la patrie du poète André et du respectable M. Lemire. M. Lemaire, député de l'Oise, y a fait construire une maison magnifique.

Le Plessis-Belleville, ancienne demeure de la famille Guénégaud et des princes de Conti, laquelle n'offre plus que des vestiges de sa splendeur passée ; Ognes, qui vit naître le célèbre Sacy ; Oissery, fameux par ses Desbarres, les seigneurs les plus puissants, les guerriers les plus célèbres de leur temps ; Lagny-le-Sec, ancienne commanderie possédée autrefois par l'ordre des chevaliers de Malte, aujourd'hui belle maison de campagne, honorée par ses Longpérier. C'est la paisible demeure de M. de Longpérier-Grimoard, littérateur, président de la Société archéologique de Senlis et frère de M. Adrien de Longpérier, ancien conservateur et démonstrateur au Musée des antiques à Paris. Ces deux frères sont connus dans le monde des lettres et des sciences.

Monthyon, où vécut le sage de ce nom qui, comme un autre Vincent-de-Paul, consacra sa vie à la bienfaisance, et fonda un prix pour la récompense et l'encouragement de la vertu. Montgé (1), village que j'ai chanté, et dont la montagne et son antique chapelle m'offri-

---

(1) MM. les maires de Oissery et Montgé ont fait ériger des monuments dans les cimetières de leur commune à la mémoire des enfants de leur pays, morts au champ d'honneur dans la guerre contre la Prusse (1870-71).

raient ici de riantes descriptions si je ne les avais dé-
crites ailleurs (1). La propriété du Sépulcre sur cette
montagne a été vendue en 1839, par M. de Montigny à
M. Marsizy, originaire de Rome. Ce nouveau propriétaire y a fait construire un château habité et embelli
par M. Lainé. La chapelle a été abattue et reconstruite
ailleurs ; elle est mieux placée, plus belle, mieux ornée,
on y a posé le même autel, les mêmes saints, mais ses
murs n'ont pas de souvenirs, son sol n'est pas consacré
par des siècles de prières ; enfin, il lui manque ce que
l'homme ne peut donner, la sainte antiquité des temps.
Cette montagne qui se prolonge jusqu'à Monthyon est
couverte au nord d'une vaste et sombre forêt, et au midi
de riants paysages et de riches vignobles.

Le Plessis-Lévêque, où les évêques de Meaux avaient
autrefois une résidence ; Cuisy, dont les seigneurs de
ce nom furent célébres dans l'église et dans les armes.

Le Plessis-aux-Bois, pour qui la nature fut avare
d'eau, mais où l'art, depuis François 1er, créa tant de
merveilles (2) ; Fresnes, que ses d'Aguesseau ont embelli
et illustré ; Anet, charmant village dont la Marne ferti-
lise les riantes prairies ; Claye, que vivifie son canal et
qui, dans le vallon où il s'enfonce, ne laisse voir au loin
que la pointe de son clocher ; Saint-Maixme, où vécut
le saint de ce nom ; Nantouillet, où mourut le cardinal
Duprat (3) et dont le château-fort qu'il fit construire eut
celui de Dammartin pour modèle.

On voit encore la maison de Juilly, justement renommée par son collége. Dans l'origine, cette maison
était une abbaye de chanoines réguliers, fondée en 1182.

(1) Voyez pélérinage au St-Sépulcre d'Allemagne sur la butte
de Montgé.
(2) Le château n'existe plus.
(3) En 1535.

On y suivait la règle de Ste-Geneviève. En 1628, Henri duc de Lorraine, fit passer cette maison à des pères de l'Oratoire, ceux-ci y établirent en 1640 un collége que Louis XIII érigea en académie. Ce collége a eu la gloire d'instruire des hommes que leurs actions ou leurs dignités ont rendu célèbres : il a produit les Arnaud, les Mallebranche, les Richelieu, les Desaix, les Berwick, les Bonald, les Berryer, etc. C'est aujourd'hui un des plus vastes et des plus renommés qu'il y ait en France. M. Hamel, ancien élève de cette maison, en a fait l'intéressante histoire.

Le cœur de Henri d'Albret, grand père de Henri IV, mort en 1555, fut déposé dans sa chapelle ; on y remarque une belle statue en marbre blanc du cardinal de Bérulle, fondateur de la congrégation de l'Oratoire en 1612.

Mitry, le plus gros, et en culture l'un des plus riches villages de son département. Au milieu du XVIIIe siècle, existait encore dans ce village un usage barbare : si une fille ou femme était rencontrée seule, de nuit, dans les champs, par un homme, celui-ci était autorisé à la maltraiter jusqu'à la tuer, et à s'en vanter comme d'un fait méritoire. Dans le même temps existait à Lagny un usage non moins atroce, on prétend que plusieurs femmes en furent victimes.

Thieux, qui fut souvent comme Mitry, le triste théâtre des combats de la Ligue, et dont l'église, le château et les fermes méritent d'être visités. Le château de Thieux et son beau parc sont en destruction en ce moment ; ceux du Plessis-au-Bois et de Villeroy viennent de disparaître, d'autres encore sont menacés d'un pareil sort ; leur ruine dépoétise nos campagnes, la France industrielle abolit la France seigneuriale, la ferme promène sa charrue où s'élevait un édifice séculaire, la charette a remplacé le carosse, le parvenu s'installe au foyer du seigneur, l'entrepreneur spécule sur ce qui faisait la magnificence, des chefs-d'œuvre tombent sous son marteau ; est-ce un progrès ? C'est aux résultats de répondre, mais ne le demandez pas à ces pays dont ces châteaux faisaient l'honneur et la prospérité.

Villeneuve dont l'église renferme la sépulture d'un ancien évêque de Châlons et qui dans la belle vallée qu'arrose la sinueuse Beuvronne, semble sortir du sein des moissons ; Moussy-le-Vieux, ancienne seigneurie des Boutheilliers, de Senlis ; l'un d'eux Philippe, fit rebatir en 1590 le chœur de l'église où sa statue et celle d'Anne Duvet, son épouse, se voient en beau marbre blanc. On remarque leurs châteaux dont les lambris furent longtemps habités par les Rothelin et les Brissac, et dont les parcs furent majestueusement dessinés par l'architecte Le Nôtre. C'est entre ces deux pays que se trouve la fontaine des Galots où la Beuvronne prend sa source (1). Cette petite rivière traverse le parc de Villeneuve, baigne la ferme de Stains, les villages de Thieux et Compans, où elle passe sous un pont hardi d'une seule arche qui tremble mais ne fléchit pas sous le poids écrasant des trains de la ligne ferrée de Soissons. Là aussi la Beuvronne arrose les terres d'un remarquable château nouvellement édifié, que son propriétaire, M. Vallée, mort subitement en 1869, n'a pas eu la joie de voir achever. C'est encore à Compans que la Beuvronne se grossit du rû qui vient de Juilly par Nantouillet et Saint-Maixme ; elle fait tourner plusieurs moulins dans son cours et va se perdre dans le canal de l'Ourcq au dessus de Gressy, après avoir baigné dans ce village les riches

(1) Voir dans mon Recueil d'Œuvres diverses : *La Beuvronne et sa vallée.*

jardins et les nombreuses plantations du célèbre Ma-
quer, ancien démonstrateur au jardin du roi. Cette petite rivière et celle de la Thérouanne qui prend sa source
à St-Pathus, et passe à Oissery et à Etavigny, sont les
deux seules qui existent dans le canton de Dammartin.
En suivant le cercle, on voit aussi Le Mesnil, que traverse la route de Paris et dont la tour antique, surmontée d'un dôme à jour, se fait remarquer au milieu d'une
plaine immense ; sa coupole a été refaite en 1780 avant
la première révolution, cette tour renfermait dix cloches. Mauregard, pays de riche et grande culture, et
qu'on aimait pour son châlet suisse et la généreuse phi-
lanthropie de M. P..., son propriétaire. Villeron, qui reçut ce nom de son premier seigneur, qui le donna à ceux
qui lui succédèrent, et dont le château pour sa forme, et
les serres pour leurs plantes, sont remarqués des curieux.
Montmélian, du mot *mons medius*, selon l'abbé Le Bœuf,
qui signifie mont du milieu, à cause que cette montagne
tenait le milieu entre les trois diocèses de Paris, Senlis
et Meaux qu'elle limitait. Elle est encore aujourd'hui la
limite des trois départements de Seine-et-Marne, Seine-
et-Oise et l'Oise. J'ai lu quelque part, et la tradition le
rapporte encore, qu'il y eut autrefois sur cette montagne un temple consacré à Mercure : on y voyait la statue
de ce dieu. Un jour que le peuple s'y était transporté en
foule, St-Rieul y entra, il annonça le christianisme, re-
procha à ce peuple son idolatrie et touchant de son bâton
pastoral la statue du faux dieu, il la fit tomber en pièces ; ceux qu'il avait convertis le suivirent jusqu'à Senlis. Plus tard, Philippe Ier fit construire sur cette montagne une forteresse dont les fossés existent encore aujourd'hui ; on y voit les murs en ruine d'une ancienne
chapelle, et le petit hameau de Montmélian dont une
partie est sur le département de Seine-et-Oise et l'au-

tre sur celui de l'Oise. Sur le point culminant de cette
montagne s'élève aujourd'hui une chapelle consacrée à
Notre-Dame-de-Bon-Secours ; on y voit un grand
nombre d'ex-voto et un vitrail historié ; elle est l'objet
d'un pèlerinage en grande renommée. Au bas de Montmélian sont les villages de Veimard, que distingue son
moderne château ; de Plailly, où naquit Lesueur et dont
l'église conserve un curieux tableau ; de Moussy-le-Neuf,
ancien domaine de la couronne et plus tard des Boutheilliers de Senlis. C'est un des plus gros villages du canton
de Dammartin ; on y voit les restes de l'ancienne et grande
église construite en 1220, où furent déposés les mânes
de sainte Opportune, ils y furent apportés par des moi-
nes de la ville de Séez ; un pèlerinage s'y est établi et
est demeuré en grande vénération chez les habitants d'a-
lentour. Tous ces pays et plusieurs autres qu'il serait
trop long de citer, vus de Dammartin qui les domine
tous, offrent un tableau synoptique aussi rare que curieux, ils ajoutent à l'intérêt des perspectives, et font la
gloire et l'ornement de sa contrée.

On peut de Dammartin communiquer avec tous ces
pays par des chemins dont quelques-uns sont enchan-
teurs, et les autres rendus plus viables depuis la loi sur
les chemins vicinaux. Les prescriptions de cette loi ont
été devancées chez nous ; les revenus de la ville répon-
dant à peine à ses besoins, on eut recours aux fonds de
la souscription destinée à l'abolition de la mendicité
pour occuper aux travaux des chemins les pauvres va-
lides et les ouvriers désœuvrés ; c'est ainsi qu'au besoin ils reçoivent encore le salaire honorable du travail,
au lieu du pain toujours humiliant de l'aumône. Dans
les hivers de 1830, 31, 32 et 33, 40 à 45 hommes ont été
journellement occupés ; ils ont réparé la descente de
Gèvres, les mauvaises parties des chemins d'Ève, de la

Garenne, de la Saine-Fontaine, de la rue des Oulches ; ils ont tiré 150 mètres de pierre des ruines du vieux château et renivelé ses promenades ; ils ont fait des fouilles de terrasse dans une étendue de 86 mètres cubes pour l'encaissement du pavé de la Saine-Fontaine, et enfin la construction du lavoir de cette fontaine, qui, avec son pavé, a coûté 1,271 fr. 75 cent. Plus tard, la prestation en nature, qui a besoin de toute sa légalité pour être supportable, fut appliquée au pavage de Dammartin à Othis et à Eve.

La nouvelle route de Claye, que les communes ont demandée, a été commencée en 1839, et terminée à la fin de 1841 ; elle établit une communication abrégée et plus directe de nos pays avec Melun, et de Lagny avec Senlis. Le département qui est intervenu pour deux septièmes dans les frais de ces travaux, n'en a permis l'ouverture qu'à la condition qu'une souscription volontaire parmi les plus intéressés viendrait en aide aux contribuables pour son établissement.

M. Landry, maire de Dammartin, s'est mis à la tête de cette souscription et s'en est chargé, elle a produit dans son canton 9,600 fr. et le pavage de cette route a été adjugé au rabais pour la somme de 170,000 fr. Bientôt des réclamations s'élevèrent, on aurait voulu qu'elle passât par la commune de Juilly ; cette deviation eût allongé le trajet et augmenté les dépenses, M. Landry s'y opposa au nom et dans l'intérêt de ses souscripteurs, il apporta dans cette affaire un zèle empressé, et la route fut maintenue dans sa première direction.

La propriété est très-morcelée à Dammartin, ce qui fait qu'il y a beaucoup d'aisance parmi les habitants, et peu de ces grandes fortunes qui amènent le despotisme et l'inégalité parmi les hommes ; cette aisance existe partout où la division des biens assure le bien-être, et l'indépendance de tous. Le contraire se remarque dans les pays de grande culture ; là, le prolétaire qui n'a rien est obligé pour vivre de servir le propriétaire qui a tout.

Les Dammartinois sont paisibles, laborieux, charitables, ils s'occupent de leurs affaires, du soin de leurs propriétés, et aiment à vivre en particulier ; aucun d'eux n'a jamais paru dans aucun complot politique. La transition d'un gouvernement à l'autre est presque insensible chez eux. Les lettres, les beaux-arts, les agréments de la société ont à leurs yeux bien peu d'attraits : il serait même à souhaiter, dans l'intérêt du langage et des mœurs, que la jeunesse d'une certaine classe se livrât davantage à l'instruction. Ils sont très-secourables et courageux dans le malheur, ils l'ont prouvé en plus d'une occasion. En 1805, Pierre Occident, de Dammartin, étant à Londres, se jeta dans la Tamise et sauva alternativement trois enfants qui s'y noyaient. En novembre 1831, Guillaume Baron descendit, à Dammartin, dans un puits pestiféré et en tira le maçon Mallet qui était asphyxié par le typhus méphitique près du cadavre de son frère qu'il avait voulu sauver. Le 6 mai 1849, Christophe Dumont périt victime de son dévouement dans un incendie, et le 5 juin 1869, Jules Gaucher sauva, au péril de sa vie, trois personnes asphyxiées en curant une fosse pestiférée. Ces traits d'héroïsme méritèrent des médailles à leurs auteurs. La compagnie de pompiers jouit, dans les environs, d'une réputation méritée ; plus d'une commune, qui s'applaudit des secours de son art, vante sa hardiesse dans les dangers, la promptitude de ses interventions dans les sinistres. Les Dammartinois aiment leur pays ; ils y reviennent toujours, ils ont du patriotisme sans prétention, de la religion sans fanatisme. La mendicité est éteinte chez eux ;

une souscription qu'ils ont établie en 1830 (1), et qui s'est conservée jusqu'à ce jour, jointe à la portion disponible des revenus de l'hospice, pourvoit aux premiers besoins des nécessiteux. Leur jeu le plus en vogue est *celui de l'arc* (2) et de l'arbalète, ils ont trois jeux et trois compagnies ; autrefois les comtes de Dammartin leur faisaient don, pour ce jeu, d'une écuelle en argent ; ce prix se tirait tous les ans à la Pentecôte, et les comtes avaient l'honneur des premiers coups. L'établissement de ces jeux sur nos promenades en fait la curiosité, l'embellissement et l'animation. Dammartin a aussi sa fanfare composée d'une trentaine de jeunes musiciens, sous la direction de M. Loron, son chef. C'est à M. Hémar, maire, qu'elle doit son organisation et ses encouragements ; plusieurs médailles brillent déjà sur sa belle bannière.

Les Dammartinois se sont signalés aussi au champ d'honneur ; de nos jours les Lanier, les Roger, les Vaude, les Jama, les Deneuilly, les Bougrand, les Aveline, les Delahaye, les Leriche, les Dusollier, les Mallet, les Destiges, les Champy, les Barbou, les Beuve ont ont obtenu des grades et des décorations dans l'armée ; ils ont combattu sous la république, sous l'empire ; l'Europe fut le théâtre de leurs exploits militaires, l'histoire doit conserver leurs noms.

Dammartin a renfermé dans ses murs et vénère encore sur leurs tombes des hommes remarquables par

(1) M. Gressent, juge de paix, secondé de M. Kiggen, maire alors, est le premier chez nous qui conçut l'idée et fit le plan de cette souscription. Je le dis avec orgueil, il n'est pas un malheur, il n'est pas une misère qui ne trouve une sympathie, un bienfaiteur dans mon pays.

(2) Voyez la pièce intitulée : le Jeu d'arc de Dammartin, *Hymne au soleil*, page 187.

leurs vertus antiques et leur intègre probité ; tels furent
les Berthe, les Testu, les Portefin, les Chardon, les La-
martinière, les Leroy, les de Rhuit, les Anthome, les
Benoit, les d'Orsay, les Pacary, les Ganneron, les Rousquin. Vieux chevaliers de l'honneur ils restèrent invariables quand tout variait autour d'eux ; dans la morale,
dans l'équité, leurs cœurs n'ont jamais failli ; quand les
lois tombèrent, ils furent eux-mêmes des lois vivantes,
dans nos troubles civils le crime respecta en eux des
principes qui le condamnaient, et ils semblaient n'avoir
échappé au naufrage général que pour perpétuer parmi
nous la tradition des mœurs antiques et signaler à nos
yeux l'écueil où se brisent les nations (1).

Du temps de ces hommes vivait à Dammartin une
sainte fille ; elle était née pauvre et elle mourut pauvre,
quoiqu'elle reçut beaucoup d'argent. Sa piété, sa vertu
l'avaient mise en grande vénération dans le pays, elle
allait quêter pour l'indigence à la porte des riches, elle
en recevait de nombreuses aumônes, mais elle savait les
placer et ses mains en restèrent toujours pures. Elle
faisait du bien aux malheureux et des offrandes aux
églises. Notre-Dame lui dut sa grille et le baldaquin
de son maître-autel. Cette bonne fille, qui ne vivait que
pour Dieu et les pauvres, s'appelait Madeleine-Anne
Sebe, dite Languedeau.

(1) Et vous vénérable Gallet, digne ministre d'une religion que
vous saviez faire aimer, votre vie fut chez nous l'exemple de
toutes les vertus chrétiennes. Apôtre d'un Dieu d'humilité, le
luxe n'ornait point votre modeste demeure, mais la charité y habitait avec vous. C'était la source sacrée d'où partaient la richesse du pauvre et la consolation du malheur ; vous étiez le
père des grands et des petits, et vous ne fûtes jamais riche que
du bien que vous aviez fait. Allez saint homme, allez recueillir
dans le ciel la moisson que vous avez semée sur la terre ; les
vertus que vous avez pratiquées n'ont pas de couronne dans ce
monde, et le Dieu qui les inspire peut seul les récompenser.

En août 1744, Marie Leczinska, épouse de Louis XV (1), revenant de Metz voir le roi bien malade, passa par Dammartin. Au milieu du brillant cortége qui l'entoure, une femme se présente devant elle ; son âge, son costume antique, sa figure douce et vénérable la font remarquer. C'était Madeleine Languedeau. « Madame, dit-elle, à la reine, un temple est consacré en ce pays à la vierge votre divine patronne ; c'est dans ce temple, c'est à cette vierge consolatrice que nous allons tous les jours demander la santé de votre auguste époux, nous l'invoquons aussi pour vous, Madame, nous lui demandons la prospérité, la gloire de votre règne ; ah ! si en ce jour votre majesté venait au pied de ces autels implorer avec nous cette reine des reines, j'ose le prédire, nos vœux seraient exaucés, notre roi serait sauvé, vous seriez heureuse, Madame, et votre bonheur ferait celui de toute la France. »

La reine était très-pieuse, ces paroles la touchèrent, elle voulut que Madeleine Languedeau l'accompagnât au pied de ces autels dont elle venait de lui parler. Elle entra dans l'église de Notre-Dame au milieu de tout un peuple que cette démarche édifiait, elle s'inclina profondément devant l'autel de la vierge et y fit sa prière.

Au sortir de l'église, Madeleine voulut se retirer. « Bonne fille, lui dit la reine, votre piété me plaît, vos sentiments me touchent, je me souviendrai de vous, continuez à prier pour le roi, et venez quelquefois me parler à la cour, j'aurai toujours un moment pour vous entendre ». Et elle lui remit quinze louis.

Madeleine Languedeau quittait de temps en temps sa

(1) Ce prince allant à Reims, en 1722, pour la cérémonie de son sacre, coucha à Dammartin dans la maison du prieuré.

modique demeure pour passer sous les lambris dorés des appartements de la reine ; elle était pauvre, son vêtement était simple, mais sa vie était pure et son âme, toujours remplie de la pensée de son Dieu, était au-dessus des grandeurs dont la cour brillait sans l'éblouir. Sa figure, sa piété, ses paroles inspiraient le respect et la confiance. La reine l'aimait et les grands la voyaient avec bienveillance, elle en recevoit de riches aumônes qu'elle employa toujours au soulagement des pauvres et à la décoration de l'église de Notre-Dame ; on a évalué à soixante mille francs la somme des dépenses qu'elle y fit. Les chanoines de cette église voulurent lui demander compte un jour des sommes qu'elle avait reçues, mais elle s'y refusa, je ne dois ce compte, leur dit-elle, qu'à Dieu et à ma conscience (1)

De nos jours, quelques personnes se sont distinguées à Dammartin dans différentes administrations, dans les lettres et dans les beaux-arts. M Lemire y publia ses élégies pastorales, ouvrage plein de philosophie et de piété, qui le mit en faveur auprès des Bourbons et en disgrâce auprès de son évêque. Paul Bouvet dans la peinture, Victorin Cochu dans les sciences métaphysiques, Antoine Dumas dans la jurisprudence, les fils Bleu, Labarthe, Stanislas Lemaire dans la médecine, et dans la poésie une jeune demoiselle qui ne voulut pas être connue (2), auraient occupé une place honorable, si la mort n'eût frappé, dans la fleur de leur âge, ces jeunes personnes qui seraient la gloire et qui font les regrets de leur pays.

Il existe encore de Dammartin des personnes d'un

(1) Madeleine Languedeau mourut à Dammartin, où elle était née, le 21 décembre 1775, âgée de 76 ans.
(2) Mademoiselle Rogelet.

mérite marquant et d'autant plus dignes d'être connues qu'elles ne cherchent pas à l'être. Parmi elles figurent des jeunes gens, mes compatriotes et mes amis ; ils marchent à grands pas dans la carrière des études, ils surpasseront leurs aïeux en talent, en savoir, en industrie ; puissent-ils les surpasser aussi en vertus. De ce nombre est M. Constant Moreau, membre de l'Institut historique, auteur d'un grand ouvrage sur l'origine des caractères hiéroglyphiques et alphabétiques de toutes les nations. M. Barbou (Dominique), dix fois breveté et médaillé pour des inventions utiles dans le mécanisme et la serrurerie ; c'est à lui qu'on doit l'indicateur à sonnettes, le porte-bouteilles, le lève-roues, l'étau-sans-vis, la clef Barbou, etc. Ces œuvres de son génie industriel, répandues aujourd'hui dans le monde, lui ont fait une fortune et une réputation méritées. M. Gressent, professeur d'horticulture, auteur de plusieurs ouvrages estimés sur l'arboriculture et le jardinage ; et M. Moreau (François), auteur du grand et beau tableau représentant la Vierge tenant l'enfant Jésus, et dont il fit l'hommage à l'église de Notre-Dame.

O Dammartin ! puissent tes enfants se féliciter d'habiter un pays où l'on ne voit ni de grandes fortunes qui oppriment, ni de ces misères qui avilissent, où la division des biens assure et promet le bien-être de chacun, où le citoyen, libre du joug d'un maître et des influences du riche, peut comme lui exercer ses droits civiques et parvenir aux emplois que le mérite attend des suffrages publics.

Puissent-ils, contents de l'aisance dont ils jouissent, se résigner à la vie paisible et ignorée qu'ils passent en tes murs, et résister à la commune tentation d'aller, pour s'enrichir ou s'instruire, à la capitale échanger des mœurs pour des vices, des gouts simples pour de l'ambition, du bon sens pour du bel esprit. Ils sont beaux, sans doute, ces titres de bachelier, d'avocat, de docteur, mais ils ne constituent pas tout l'homme, et sans la fortune ils font souvent plus pour l'instruction que pour le bonheur. La culture de l'esprit est quelquefois ingrate, celle du cœur est toujours féconde, et le sage passe avant le savant. Tel eût été dans son pays un utile ouvrier, un bon commerçant, un honnête industriel, s'il eût pris l'état de son père et suivi ses conseils, qui pour n'avoir suivi que les siens, n'est souvent à Paris qu'un misérable intrigant ou un sot petit-maître. Le paysan qui laboure son champ, élève ses enfants et sert l'Etat est un homme, le citadin artiste ou mercantile n'est souvent qu'une machine dont l'intérêt est le principal ressort, sans qu'il en soit moins estimable.

N'envions pas aux fiers habitants des cités leur luxe, leurs spectacles, leurs richesses, leurs beaux-arts ; ils en ont besoin pour supporter la vie qu'ils se sont créée, et il est toujours pénible d'avoir besoin de tout cela. Pour nous, c'est dans nous-mêmes, c'est dans la vérité que nous devons chercher notre bien-être ; placés plus près d'elle, nous l'obtiendrons à moindres frais. La sagesse, disait Horace, consiste à savoir en toute circonstance s'accommoder de son état.

N'exposons pas à la contagion d'une civilisation corruptrice ce qui nous reste des antiques vertus et de la religion de nos pères, ne cherchons point d'autre jouissance que celle attachée pour l'honnête homme à l'accomplissement de ses devoirs et à l'amour de son semblable, songeons que de tous nos biens, celui que nous avons pu faire est le seul qui, à notre dernière heure, ne soit pas perdu pour nous. Avant tout, soyons bons, soyons vrais, ayons l'estime de nous-mêmes, et quoique rustres, nous serons heureux ou dignes de l'être.

Ô mes concitoyens ! puissiez-vous laisser un jour à vos enfants, non des dignités, non de grands biens, mais l'exemple d'une vie humble, utile, irréprochable, employée à des travaux, à des actions qui ne recherchent point la gloire mais qui la méritent.

Ah ! puissent vos jours couler purs, comme l'air que vous respirez, paisibles comme le sol que vous habitez, c'est le plus cher de mes vœux.

INVOCATION

AUX ARBRES PLANTÉS, LE 2 DÉCEMBRE 1810,
SUR LES RUINES DU VIEUX CHATEAU DE DAMMARTIN,
PAR LES HABITANTS DE CETTE VILLE.

AIR : Pas redoublé des pompiers.

Soyez par votre ombrage
L'ornement de ces lieux,
Nos enfants, sous votre feuillage, (bis)
Béniront souvent leurs aïeux.

Sur d'antiques ruines
Nous allons vous planter,
Et sur des héros vos racines
Parfois auront à végéter.

Que vos fleurs argentines
Offrent à nos neveux
De leurs vertus le parfum précieux. *(bis)*

De la plus tendre enfance
Vous verrez les ébats,
Et de la timide innocence
Vous ombragerez les appas.
L'amour en confidence
Vous dira ses secrets,
Chassez pour tous les soucis, les regrets. *(bis)*

La bonne et tendre mère,
Les sincères amis,
Sous votre ombre hospitalière,
Dans tous les temps seront admis.
Que par ceux qu'on vénère
Cet endroit soit chéri,
Mais aux méchants refusez votre abri. *(bis)*

(Composé par M. Lavollée, maire)

LE CIMETIÈRE

DE

LA VILLE DE DAMMARTIN

A MES CONCITOYENS

O vous qui dans ce champ, que ma muse célèbre,
Mouillez de pleurs amers une tombe funèbre,
Et passant aujourd'hui par ce triste chemin
Venez fouler la place où vous serez demain ;
Mes frères, pardonnez ce livre où chaque page
D'un ami qui n'est plus vous retrace l'image,
Et si dans mes tableaux, réveillant vos douleurs,
D'un triste souvenir je viens navrer vos cœurs.

Pardonnez si mes vers, qui rappellent leur vie,
D'un fils, en les nommant, blessent la modestie;
Du mérite qu'on pleure on doit citer le nom :
Tel s'en plaint au dehors qui l'applaudit au fond.
Hélas ! sur cette terre, où nous allons descendre,
Comme vous en priant j'ai des pleurs à répandre,
Notre deuil est commun; je voudrais dans mes vers
Arracher à l'oubli des morts qui nous sont chers,
Et par l'humble récit de leur trop courte vie,
Les rendre tous présents à notre âme attendrie.
Ah ! s'il est parmi vous, d'égoïsme entaché,
Un cœur froid que jamais un regret n'ait touché,
Si le berceau d'un fils, si la tombe d'un père
N'ont jamais d'une larme humecté sa paupière,
S'il tremble de mourir ou rit du deuil d'autrui,
Qu'il referme ce livre : il n'est pas fait pour lui.

LE CIMETIÈRE DE DAMMARTIN

Par délibération du conseil municipal, en date du 30 novembre 1852, il a été établi dans le cimetière des concessions temporaires, trentenaires et à perpétuité.

Les premières, pour quinze années non renouvelables, à raison de 4 fr. le mètre.

Les secondes, renouvelables, minimum 3 mètres, maximum 15 mètres, 15 fr. le mètre ; excédant 3 mètres jusqu'à 9 mètres, 18 fr. le mètre ; excédant 9 mètres jusqu'à 15 mètres, 21 fr.

Et la troisième, à perpétuité, 3 mètres au moins, 15 au plus, le mètre 90 fr. ; excédant, 3 mètres jusqu'à 9 mètres, 108 fr. le mètre ; excédant 9 jusqu'à 15 mètres, 129 fr.

Il en coûte aussi pour se loger chez les morts !

Les cimetières sont, après l'église, les lieux les plus sublimes où l'homme se recueille. Là, l'âme s'élève et le cœur s'humilie. Le silence terrible de la mort y est plus éloquent que la parole des plus grands orateurs. C'est par là qu'on passe en revenant de la vie, et de là où va-t-on ? L'homme tremble à cette question, mais l'âme se révolte à l'idée du néant. Non, l'homme ne reste pas là, il y dépose son vêtement de terre comme le voyageur qui dépouille son manteau avant de passer sous un ciel plus ardent, puis il franchit le seuil et va plus loin.... Au milieu d'un cimetière les vanités se taisent, il semble que l'âme y tienne moins à ses liens et qu'elle se réjouisse au bord d'une autre vie, comme l'esclave à la vue du champ où il sera libre. Le pauvre s'y console en foulant la cendre du riche qui, gorgé de bien, refusait une obole à sa misère; là, le méchant craint, le bon espère; là, la mort tient le niveau qui confond les hommes, et la croix qui distingue les âmes. Il semble que des entrailles de cette terre s'élève une voix sépulcrale qui dit à l'homme : tu passeras par ici, songe au nom que tu y laisseras.

Cette voix terrible a pour nous mille échos, la feuille qui tombe, le monument qui croule, le cercueil qui passe, l'heure qui marque la fuite du temps, tout nous parle de mort et de destruction. Cette terre elle-même n'est qu'un vaste cimetière, où la poussière que nous respirons fut animée, nous n'y pouvons faire un pas sans y fouler les débris de la vie, et, sur ces débris auxquels les nôtres vont se confondre, nous prodiguons à nos vaines chimères ce peu de jours que le destin nous compte et dont tant de devoirs réclament l'emploi.

Après une éternité de néant, un brin de matière est animé : cette matière est un homme, il vit, il pense, il vient contempler un instant cette terre qui le nourrit, ce soleil qui l'éclaire; puis il meurt et ce n'est plus que cette poussière que nous secouons de nos pieds; d'où venait-il? où va-t-il? qu'est-il venu faire sur ce globe? énigme dont la religion seule possède le mot! mais rien ne fut créé en vain.

L'homme naît et meurt, mais il bâtit des villes, ensemence la terre, propage son espèce, et tout cela était sans doute nécessaire dans l'ordre des choses. L'homme n'est pas né pour être heureux, mais pour être utile ; c'est une partie qu'il ne faut considérer que par son rapport avec le tout, c'est un être moral qui vient accomplir une destinée, mais cet être pense et la pensée n'est pas matière. Il a la raison pour juger, la conscience pour sentir, la liberté pour agir, il se doit à Dieu, à sa famille, à la société. Il peut s'abuser dans ses raisonnements et s'égarer dans ses passions, mais il doit compte de ses actions aux hommes, et à Dieu de sa conscience. Hélas ! cet homme, que lui sert d'être si vain et si fier ? Le plus grand des êtres par la pensée, il en est le plus faible par le corps, et tandis que son esprit embrasse les temps, pèse les mondes, mesure l'espace et s'élève jusqu'à Dieu, ses misères le rendent digne de pitié ; sur la terre mille ennemis de ses jours conspirent contre lui, ses besoins l'apetissent, ses passions le dévorent. Bientôt ce roi de l'univers couché sur le lit de la mort souffre et meurt comme la brute ; le temps balaie sa poussière, sape ses ouvrages et engloutit son nom dans le plus profond oubli. Que serait-il sans son âme ?

Ainsi je méditais sur la fin d'un jour d'automne en m'acheminant vers le cimetière de mon pays. L'automne nous dispose à la mélancolie ; en cette saison j'aime à visiter la tombe du parent, de l'ami avec qui j'ai voyagé sur la terre et qui m'a laissé des souvenirs que sa mort me rend encore plus touchants.

Eh ! qui n'est venu, une fois en sa vie, visiter un cimetière le jour de la fête des morts ? qui n'a senti dans son cœur se taire toutes ses passions à la voix de cette cloche qui parle de ceux qui ne sont plus, de ce prêtre qui les bénit, de ces parents qui les pleurent, et n'a mêlé intérieurement sa prière à celles que la religion adresse au ciel pour toutes ces âmes que Dieu va juger ! Mais

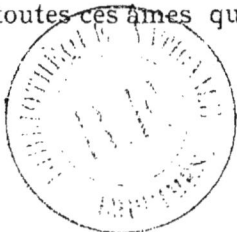

pourquoi tout ce peuple en deuil sur cette terre insensible ? que lui demande-t-il, pourquoi l'arrose-t-il de ses
larmes ? C'est que sous cette terre sont ensevelis les anciens du pays, c'est qu'à deux mètres de profondeur s'é-
tend une cité de tombeaux que la mort peuple, que le
temps ne peut détruire, et que depuis des siècles sont
venus habiter tour à tour les pères des hommes d'aujourd'hui. « Comme vous, disent ces morts, nous avons
passé dans cette vallée de larmes, comme vous, nous
avons souri sur un berceau et pleuré sur une tombe, aujourd'hui nous dormons en vous attendant sous nos
linceuls, jusqu'à ce jour où nous nous réveillerons tous
pour ne plus mourir. »

Quand nos cimetières étaient dans nos murs, à la porte
de nos églises, ils avaient sur le peuple une influence
morale que leur éloignement a depuis bien affaiblie. Un
cimetière alors était comme un vestibule de la maison
de Dieu, où l'homme, songeant à sa destinée, se recueil-
lait en lui-même et épurait sa pensée avant de la for-
muler en prières. Les morts logés à la porte de leur antique paroisse semblaient, dans les jours solennels,
assister encore à ces pieuses cérémonies, où leurs places
d'hier étaient vides ; ils reposaient non loin du toit où
ils avaient vécu, au milieu de ce pays, de ces frères témoins de toute leur vie, dépositaires et gardiens de leur
cendre ; ils semblaient placés là comme pour veiller encore sur leurs enfants, pour leur rappeler la brièveté de
la vie, la déception de ses promesses, la fin ses misères
et l'éternité qu'elle précède. On ne pouvait entrer à
l'église qu'en foulant des mânes révérés, on ne pouvait
se souvenir d'un père, d'une mère, d'un ami sans se
souvenir d'un Dieu. C'étaient des témoins éternels de
nos actions, et souvent leur aspect ramenait au bien un
mortel égaré. Combien de familles, divisées dans le

monde, qu'au sortir de l'église une même pensée a réunies sur un même tombeau ; que de haines, de vengeances, de projets funestes, l'épitaphe d'un père n'a-t-elle pas étouffés dans le cœur d'un fils ? Les réflexions qu'inspire un cimetière portent naturellement l'homme à devenir meilleur ; là, quelle qu'ait été la conduite de celui qui n'est plus, sa tombe est toujours une grande leçon pour celui qui est.

Mais depuis que, moins respectueux que les sauvages pour les mânes de nos pères, nous les avons bannis de nos murs, depuis que, trouvant nos temples mêmes incommodes, nous en avons réduit le nombre et presque discrédité le Dieu, nos églises, nos cimetières sont devenus déserts, ils ont perdu leur salutaire influence, on ne les croit plus, et dans les penchants auxquels elle s'abandonne, la foule n'a plus d'autre frein que celui toujours insuffisant de la loi.

Le cimetière de Dammartin est placé sous les murs et au nord de la ville : il est de forme triangulaire, clos de murs, planté d'arbres, et contient environ 75 ares d'étendue ; il est très-ancien et remarquable aujourd'hui par le nombre et le luxe de ses monuments (1). Il existe depuis 700 ans ; en supputant la mortalité du pays à 40 décès par an, c'est au moins 28,000 morts que son gazon a recouverts. Le vandalisme révolutionnaire, qui n'a rien respecté, pas même les morts, a dépouillé ce cimetière d'un grand nombre de croix de fer ; plusieurs

----

(1) Les vers qu'on lit aujourd'hui sur ces monuments et que je cite ici, sont presque tous de moi, je les ai faits à la prière des familles, et je le dis ici moins pour m'en vanter que pour m'en accuser.

Voir à la fin les notes sur l'établissement de ce cimetière concédé aux habitants par les chanoines et prieurs de Saint-Jean en 1113.

d'elles indiquaient des sépultures qu'on regrette de ne plus connaître aujourd'hui.

Le calvaire placé au milieu est une belle pierre de 4 mètres de haut, élevée sur un piédestal de 2 mètres ; il a été réédifié en 1800 par un marguillier nommé Baudichon.

J'entrai dans ce musée des tombes, je foulai d'un pas silencieux ce sol consacré, où ce qui fut des hommes n'est plus qu'un peu de terre, où la mort, au fond de son gouffre, entasse les unes sur les autres ces générations que le temps lui apporte et que le néant dévore.

Le soleil à son déclin ne se montrait que par intervalle entre des nuages qui couvraient la campagne d'ombres mobiles, il projetait un jour pâle qui revêtait comme d'un blanc linceul la couche des morts ; un vent frais soupirait dans quelques cyprès, qui s'élevaient çà et là comme des obélisques flottants, la feuille qu'il détachait volait en tourbillon et recouvrait, en criant sous mes pas, le gazon de la pauvre femme et le marbre du riche fastueux. Quelquefois une bouffée d'air m'apportait un dernier bruit de la ville qui expirait à mon oreille ; je n'entendais dans ce lieu que la cloche lointaine où le marteau de l'heure marquait les pas du temps ; quelques pâles fleurs parsemaient cette terre de larmes comme pour parer la couche des morts et cacher aux yeux de l'homme les tristes dépouilles de la vie ; mais l'if tumulaire dominait au milieu de ces fleurs et les larmes du deuil étaient la rosée du gazon funèbre qui s'élevait sous son ombre.

Je vins m'agenouiller sur la poussière de ce que j'eus de plus cher au monde : je revis la tombe modeste de ce père dont la mort fut aussi belle que la vie, et dont les derniers moments sont pour toujours gravés dans nos cœurs ; de cette mère si laborieuse, si sensible pour nous.

Je fis pour elle cette prière qu'elle m'avait apprise, hélas ! et qu'elle n'entendait plus ; et de cet enfant que j'ai tant aimé et que j'ai pleuré par des larmes de sang. C'était mon fils unique, il était tout l'espoir, tout le charme de ma vie, et je foulais la terre qui fut lui !...

Je m'éloignai de ces tombes trop parlantes pour moi, et j'allai considérer celles qui se pressent en foule dans cette triste enceinte. A leur aspect, je me rappelai ces vers d'un de mes ouvrages :

Que de croix en ce lieu, que d'humbles mausolées
Appellent des vivants les àmes désolées !...
Sous l'humide gazon la mort, à coups pressés,
Entasse des mortels les débris dispersés.
Ainsi l'homme qui brille ou rampe dans la foule,
Après un peu de bruit dans la tombe s'écoule.
Dans ce monde d'un jour notre vie est un don,
Un traité dont la mort est la condition,
Et de quelque grandeur que notre âme soit fière,
Toujours il faut payer sa dette à la poussière.
Hélas ! c'est donc ici que ceux qui me sont chers,
Libérés des liens, des maux qu'ils ont soufferts,
Viennent se réunir comme dans la vallée
Se rassemble des bois la tombante feuillée !...
Le marbre n'orne pas leurs pompeux monuments,
On n'y voit pas de noms, de titres éclatants.
A vanter de hauts faits l'histoire accoutumée
Dédaigne en ses récits leurs noms sans renommée,
Et quand leur être obscur dans la tombe est glacé,
Rien ne rappelle au monde, hélas ! qu'ils ont passé.
Ah ! si des faits brillants n'assurent pas leur gloire,
Aucun crime, du moins, ne souilla leur mémoire,
La haine n'arma pas leurs innocentes mains,
Leur cœur ne trama pas de perfides desseins ;
Jamais contre les rois ils n'ont, affreux séides,
Servi des factions les fureurs homicides ;

Exempts d'ambition, ils coulèrent en paix
Des jours livrés aux arts, aux travaux, aux bienfaits ;
Travailler pour nourrir leur famille chérie
Fut, sous leur humble toit, tout le soin de leur vie.
Et puis ils furent tous où dorment leurs aïeux,
Où leurs dignes enfants un jour iront comme eux,
Et ces pauvres mortels, en passant sur la terre,
N'ont jamais demandé ce qu'ils y venaient faire ;
Et dans un doute obscur leur esprit égaré
Contre un Dieu qu'ils aimaient n'a jamais murmuré.

Cependant tous n'avaient pas su profiter du court instant de la vie. Je lisais les épithaphes de plusieurs personnes que j'avais connues ; il n'y avait pas longtemps
que leur poussière était refroidie. Quand elle était animée, je les avais vu livrer le peu de temps qu'elle devait
l'être au tourment plutôt qu'au bonheur de la vie, et,
dans ce moment, je ne voyais plus d'eux qu'un nom auquel la postérité ajoutait une épithète irrévocable.

Pauvre Messmer, toi qui, dans un travail sans relâche,
ne t'es arrêté que pour mourir : le danger qui te menace
a frappé ta pauvre mère, elle succomba la première, et
tu crains en mourant d'affliger celle qui t'a précédé dans
la tombe. Ta veuve, hélas ! elle porte en son sein un
fruit de votre union ! Pauvre enfant qui ne connaîtra
son père que par le deuil de sa crêche et les pleurs de sa
mère !

Infortuné jeune homme, ta croix s'éleva devant moi,
et j'y lus cette inscription :

Il tomba sans avoir achevé sa carrière,
Près d'une épouse enceinte et d'un père souffrant ;
　　Et la mort étendit sa bière
　　Entre le tombeau de sa mère,
Hélas ! et le berceau de son dernier enfant.

En avançant dans ce cimetière, je vis plusieurs croix dont les épitaphes, rappelant la jeunesse et les mérites du défunt, parlaient à mes yeux comme une voix de la tombe accusant la destinée. Là, c'était un honnête serrurier qui, après avoir fait un grand nombre de croix funéraires, avait fini par avoir aussi la sienne en ce lieu. On lisait sur sa tombe :

CI GIT FERRET, ETC.

Plus d'une triste croix dans ce champ funéraire,
Ouvrage de ses mains, rappelle ses talents,
Celle où viennent prier sa femme et ses enfants,
Rappelle un tendre époux, un bon fils, un bon père.

Ici, c'était un enfant qui n'avait pu survivre à sa mère, et on lisait :

Un jour, s'éveillant sur la terre,
Cette enfant appela sa mère,
Qui veillait près de son berceau ;
Mais ne trouvant plus sa tutelle,
Elle n'a pu vivre sans elle,
Et l'alla chercher au tombeau.

Ailleurs, c'étaient deux époux regrettant leur fils unique, arraché de leurs bras dans sa riante enfance ; ils avaient gravé ces mots :

A VICTOR OFFROY.

Loin de nos cœurs qui l'ont chéri
Le ciel lui rend un autre père ;
Mais qui nous rendra sur la terre
L'enfant que nous pleurons en lui ?

Plus loin, c'était un vieux célibataire qui, après avoir parcouru le monde, en était revenu plus malheureux qu'il n'était parti, et n'avait dû qu'aux bontés inépuisables d'une vertueuse sœur le peu de bonheur dont il avait joui sur ses vieux jours. Une main véridique avait écrit sur sa tombe :

A. P. Occident.

Il eut un noble cœur, des talents pour richesse,
Il parcourut le monde et connut ses attraits ;
Mais il n'y trouva rien plus digne de regrets,
Que la pieuse sœur qui soigna sa vieillesse.

Mais de toutes ces tombes aucune ne me toucha plus que celle de ces jeunes personnes qu'une mort imprévue frappe dans l'âge de la croissance et des riantes illusions· La jeunesse, la beauté sont le contraste de la mort ; c'est la vie en fleurs, c'est l'espérance avec toutes ses promesses, c'est le point de l'existence le plus éloigné des deux termes. On ne peut se défendre d'une émotion réprobative sur la tombe de ce jeune homme qu'hier encore ses vingt années remplissaient d'une surabondance de vie, et que la mort tient glacé aujourd'hui au fond du lit de bois. Telle fut l'émotion que j'éprouvai en passant devant les tombes des fils Bonnet, Mangeard, Doulet, Gouverneur, Certeux, Caron, Dubois, Morest, Lamotte Marchand, etc.

Et en lisant ces vers sur celle du jeune Mayeuvre :

Pauvre enfant, ton printemps commençait sur la terre,
Et déjà tes amis ont pleuré sur ton sort ;
Hélas ! tu ne devais me quitter qu'à la mort,
Et l'on ne te voit plus à côté de ton père !

Et ceux-ci pour Mlle Lecouvreur :

> Des fleurs de son printemps Aglaure était parée,
> Sa belle âme n'était qu'innocence et douceur,
>   Hélas ! elle était adorée
> D'un père dont sa voix consolait le malheur ;
> Mais les anges de paix dont elle était l'image,
> Et sa mère et ses sœurs au séjour des élus
> L'ont admise avec eux au céleste héritage,
> Avant qu'un monde impur ait terni ses vertus.

Et cette épitaphe d'une autre demoiselle qui renferme la même idée, et que les rameaux pendants d'un rosier en fleurs semblaient vouloir dérober au regard :

A ALEXANDRINE-MARIE GUAY :

> Jeune encor, dans la tombe elle s'est endormie ;
> Mais qui meurt innocent s'éveille dans le ciel ;
> A la terre, à nos cœurs, les anges l'ont ravie,
> Pour l'admettre avec eux au bonheur éternel.

Là, c'était une vertueuse épouse, morte victime de son amour maternel. Ces vers étaient gravés en lettres d'or sur le marbre de sa tombe :

> J'ai perdu mon amie à la fleur de son âge,
> Près de nos deux enfants elle repose en paix ;
> Pour prix de ses vertus le ciel est son partage,
> Et moi je lui survis pour mourir de regrets.
>
> Par son mari.

Ici, c'était une jeune personne qui fut douée d'une d'une âme trop sensible, elle avait besoin de s'attacher, et tout l'avait trompée ; elle n'avait trouvé dans le monde rien de fidèle que son malheur, et de certain que la mort. Elle mourut jeune encore, usée de sentiment et flétrie par le chagrin. Son cœur était trop tendre, il aima trop vivement, et quand il crut posséder l'objet de son affection, il lui échappa. Alors comme une fleur privée tout à coup du rayon qui la fit éclore, Sophie ne fit plus que languir et mourir. Hélas! quand on est dans le premier rêve de la vie, quand on ne voit que bonheur dans le sentiment, que promesses dans l'avenir, qu'il est triste d'être désenchanté, et qu'elle est affreuse la solitude où nous jette une espérance déçue.

Ailleurs, c'était cette dame infortunée qui trouva la mort dans la chute d'une voiture publique, et qui voulut que sa tombe exprimât sa reconnaissance pour l'honorable famille (1) de cette ville, qui la recueillit dans son malheur ; peut-être avait-elle, en passant, jeté un regard distrait sur ce champ des morts voisin de la route ; des projets d'avenir occupaient peut-être son esprit ; mais quelques pas encore, et la mort l'attendait là, et dans ce cimetière qui venait de passer rapidement devant elle, était déjà marqué le lieu de son éternel repos ! Ah! qui de nous peut savoir quels seront demain son sort chez les vivants, et sa place chez les morts ?

Là aussi était la place de ces braves de Waterloo, et de quelques-uns de la bataille du Bourget (1871) qui, couverts de blessures, épuisés de sang, s'étaient arrêtés ici pour mourir ; une simple pierre était couchée sur leur tombe, j'osai y tracer ces vers :

> Ils ne sont plus, ce champ a vu leurs funérailles,
> Une pierre sans nom couvre leurs ossements ;
> Mais vingt peuples vaincus, les champs de cent batailles
> Sont leurs funèbres monuments.

(1) La famille Labarthe.

Au milieu de ces tombes s'élevait humblement celle d'une sœur de Charité, c'était celle de sœur Marguerite Craman, ancienne supérieure de l'hospice de Dammartin. Elle avait vécu près d'un siècle, et ce siècle n'avait été qu'un long bienfait ; elle vivrait encore, si la vertu décidait du nombre des années. Vouée de bonne heure à la religion, elle avait fui les plaisirs, les attraits du monde, pour épouser les misères et les souffrances du pauvre ; elle pansait ses maux, elle consolait ses peines, et dans l'austérité d'une sainte vie, elle puisait au pied des autels ces vertus, cette charité que les hommes admirent, et que Dieu seul récompense. Après avoir accompli son œuvre, elle avait rendu sa dépouille à la terre et s'en était allée chercher au ciel le pardon de ses offenses, et rendre hommage à Dieu du peu de bien qu'il avait daigné faire par ses mains. Ainsi passe le chrétien. Prier, souffrir, aimer, pardonner, voilà le devoir de sa vie. Croire en un autre monde, en un Dieu juste et rémunérateur, voilà la consolation de sa mort.

Qu'il est doux de songer que l'âme ne meurt pas, qu'on se survit dans la plus noble partie de soi-même, et qu'on emporte avec soi sa pensée et ses souvenirs. Eh ! quelle serait ta justice, mon Dieu, si la mort anéantissait le coupable et l'innocent ? Mais tu nous dois, tu te dois de nous faire revivre. Immortalité ! espoir des bons, effroi des méchants, désir de toutes les âmes, c'est toi qui nous fait pardonner au malheur et sourire à la mort ; tu es ce miel céleste qui fait supporter l'absinthe de la terre ; sans toi l'homme est un mystère, la vertu un vain nom, le monde moral un désordre frappant, et les pleurs du juste sont un reproche à la divinité ; tu es la source de l'héroïsme, c'est toi qui fais les Socrate et les Caton, les Tell et les d'Assas ; c'est par toi que tant de martyrs sont si grands dans les fers, et que Louis

XVI voit un degré du ciel dans l'échafaud qui l'attend. Quel cri d'indignation s'élèverait sans toi du sein de la terre! que d'espérances déçues! que d'attentes trompées! Le méchant seul aurait eu raison, et les maux qu'il aurait soufferts seraient le seul prix que le juste eût tiré de sa vertu. Mais la raison te devine, la religion te proclame et dans ce bel ordre de l'univers, le désordre social, l'impunité du crime est ce qui te prouve le plus sensiblement à mon âme. Immortalité! Avenir si doux et si terrible, tu te révèles chaque jour dans la conscience du juste; le remord du coupable est un hommage à la justice que tu tiens en réserve, en toi est le jugement qui rectifie, le grand mot qui explique l'homme ; par toi tout est bien et la providence est justifiée. Ah! puisse ton image être toujours présente à ma pensée, et ton jugement suprême m'inspirer plus d'espoir que de crainte.

Telles étaient mes réflexions sur la mort de cette digne servante du seigneur ; une simple croix de bois et un rameau de buis ornaient sa tombe, et cette tombe, chère à la piété, parlait plus au cœur que le marbre et les lettres d'or de ces fiers monuments qui étonnent plus qu'ils n'intéressent, et parlent plus de la fortune que des mérites du défunt.

Ah! c'est par les actions de notre vie que nous devons mériter de vivre dans la mémoire des hommes, et non par la pierre de notre monument qui, s'il était durable, n'éterniserait souvent que le souvenir de nos défauts.

Là, sous un peu de terre, reposaient aussi ces hommes pauvres mais utiles, qui, sous les noms obscurs d'ouvrier, d'artisan, passent leur vie à servir un monde dont les délices ne sont pas pour eux ; courbés sous le poids du travail, ils sont encore en proie aux souffrances, à la misère, à l'esclavage, où la nécessité les enchaîne ; ils n'ont que les épines de la vie, un champ pour travailler, un hospice pour mourir, voilà les seuls biens qu'ils demandent et qu'ils n'obtiennent pas toujours. Ces hommes de douleur sont pourtant ceux à qui nous devons toutes les nécessités, toutes les jouissances de la vie, ce sont eux qui labourent nos champs, bâtissent nos maisons, filent nos vêtements et vont pour nous mourir pour la patrie ; on profite de leur industrie, on s'enrichit de leur travail, et l'on oublie leur personne. Mais si leur vie fut pénible, leur mort fut douce, ils n'eurent point, à leur dernière heure, ces regrets des plaisirs, ces remords d'iniquité, cette crainte de l'avenir qui tourmentent l'homme que ses passions ont égaré, et que ses biens, ses désirs enchaînent à la vie.

Ils ne virent dans sa faulx qu'un glaive libérateur, dans son avenir qu'une récompense des maux de cette vie. Quand la mort appelle le pauvre, et il est toujours prêt, il a peu de liens à rompre. Il dépose son fardeau, et se couche dans la tombe comme dans un lit de repos.

Jeune Lemaire, je m arrêtai devant la pierre qui te couvre et près de ta tombe je vis celle où ta mort appela ton père. Instruit dans l'art de guérir nos maux et de prolonger nos jours, tu devais être l'Esculape de ton pays, l'espoir et le soutien de ce vieux père qui a tout sacrifié pour toi ; déjà l'avenir te souriait, mais un mal mortel se déclare, ton art est impuissant, et malgré ta jeunesse, malgré tes talents, tu languis et tu meurs... Ton père qui ne te voit plus, que tu ne soutiens plus, s'afflige et meurt après toi, comme cet arbre dont le fer a coupé le principal rameau et qui meurt en perdant une partie de la sève qui le nourrissait.

Et vous, demoiselles Noël, Gachon, Pancheret, Alexis, Dufour, Thevenin, Chenel, Chalmin, vous si jeunes, si

vives, si riantes, je foulai à regret le gazon qui fleurit
sur vos dix huit printemps ; vous faisiez le charme de nos
sociétés. La mort vous enleva au milieu de nous comme
la colombe que l'oiseau de proie saisit au milieu de ses compagnes ; votre âme virginale s'est exhalée de votre sein
comme un parfum qui s'exhale d'une rose, le ver ronge
à présent ces charmes qui naissaient pour les amours,
et ce même soleil qui, hier encore, luisait sur vos beaux
jours, fait croître aujourd'hui l'herbe de votre tombe.
Dormez anges de la terre : qui s'endort dans l'innocence
ne craint pas le réveil.

Et vous, jeune Antoinette Dartinet, Giverne, infortuné Paul Mallet, et toi pauvre Lamarre, toi si chéri de
l'amante qu'en mourant tu baignes de ton sang ; déplorables victimes ravies au monde par d'affreux accidents,
et vous enfants chéris, Bleu, Landry, Huot, Dartinet,
Réveillon, créatures innocentes qui, comme mon fils,
n'avez fait qu'un pas à l'entrée de la vie, vous qui n'êtes
apparus dans le monde que pour donner à vos parents
tout à la fois le bonheur de vous avoir et le regret de
vous avoir eus, je voyais vos tombes fraîches encore, et
je me demandais si la mort qui vous avait soustraits aux
vicissitudes de la vie, était une injustice du sort ou un
bienfait du ciel.

La mort ! toute vie tremble à ce mot, et qu'est-ce pourtant ? le terme du voyage, la fin des fatigues, le repos
dont on a besoin. Pour quelques heureux qui la crai-
gnent, combien de malheureux qui l'implorent ! Moi-
même, quand les misères ont assiégé mon âme, combien
de fois n'ai-je pas appelé un trépas libérateur. Si, jeune
encore, j'ai pu désirer la mort, la craindrai-je quand la
vieillesse se sera appesantie sur moi, quand accablé
d'ans et d'infirmités, tout, excepté l'espoir d'une autre
vie, m'aura délaissé dans le chemin de la tombe ! Ah !

dans une vie où tant d'épreuves nous attendent, quel homme sensé voudrait du triste don de l'immortalité ?

Sous le toit qui nous couvre ou dans l'or qui nous pare,
Le mal est si commun et le bien est si rare,
Que dans ce triste monde, où tout naît pour mourir,
C'est un bonheur pour nous que de ne pas souffrir.

En faisant ces réflexions, je me trouvai devant une petite croix de bois ; elle était penchée et prête à tomber, un églantier sauvage poussait au pied et semblait la protéger de son ombre solitaire, j'en relevai les tiges pendantes, et je lus ces vers à demi effacés sur une planche qui se détachait et que le vent faisait bruire en l'ébranlant :

A VICTOIRE CLÉMENT

Sous ce triste gazon demeure ensevelie
L'amour de mes enfants, le bonheur de ma vie ;
Son bon cœur trop longtemps navré par nos malheurs,
Au printemps de ses jours s'est flétri dans les pleurs,
Et cette belle épouse, hier si tendre mère,
Dans la tombe aujourd'hui n'est plus qu'une poussière,
Mais quand la mort cruelle, hélas ! ferma ses yeux,
Ses vertus à son âme avaient ouvert les cieux.

Je plaignis l'époux de cette jeune personne que j'avais vue si belle, si riante le jour où je la mariai civilement, et je vins, près la croix du calvaire, visiter la tombe de Messire Gallet, curé doyen de Dammartin ! Je vénérai la sépulture de ce vieux curé dont toute la vie ne fut qu'une longue adoration ; il passa sans bruit sur la terre, il n'en connut que les persécutions qu'il pardonnait, et les misères qu'il consolait. Homme sage, il est venu remplir parmi nous les commandements de son Dieu et nous montrer par sa vie et par sa mort comment le vrai chrétien doit vivre et mourir.

Placée sur un tertre élevé, sa tombe, où la prière venait s'agenouiller, dominait toutes les autres ; il semblait posé là comme pour répondre le premier au jour du Jugement, et les morts se pressaient autour de lui comme pour se couvrir de l'égide de ses vertus.

J'allais quelquefois voir ce prêtre vénérable ; sa maison était le débris d'un ancien prieuré ; un Christ, une table et quelques chaises en faisaient à peu près tout l'ameublement ; un jardin planté comme celui d'Alcinoüs, où le saint homme cultivait le légume qu'il partageait avec le pauvre, enfermait cette demeure vraiment patriarchale. C'était là que vivait l'humble successeur des puissants et opulents titulaires du prieuré de Dammartin ; quelques volumes bien choisis formaient sa bibliothèque. Il faut peu de livres à l'homme, me disait-il, les besoins de son intelligence sont bornés comme ceux de son corps, ce n'est qu'en se dépravant qu'il les multiplie, c'est toujours à nos dépens que nous cherchons à lever ce voile qu'une divinité prévoyante a jeté sur le secret de ses œuvres. L'omniscience n'est pas de la nature de l'homme, il est fait pour sentir plus que pour savoir, son infaillibilité est dans son instinct plus que dans sa raison, ce qu'il sent est vrai, ce qu'il sait est douteux, la vérité est dans son cœur, l'erreur est dans sa tête. Croyez-moi, mon ami, c'est dans nous-mêmes et non dans nos livres qu'est gravé, avant tout, le type de tout ce que nous devons connaître.

Qu'ont servi au genre humain les rêveries de tant de philosophes sur la nature de Dieu, du bien, du mal et de notre âme ? Est-il sorti de là rien de plus vrai, de plus sensible que ce que la conscience dit au cœur de l'homme ? nos raisonnements ne font qu'embrouiller les premières notions que nous avons des choses. Il aurait une idée bien petite, souvent bien fausse de son auteur, celui qui ne chercherait que dans vos livres ce Dieu qu'il ne verrait pas dans ses œuvres.

C'est dans cette philosophie unie à sa religion que ce bon prêtre avait puisé cette sagesse qu'on admira dans sa vie et dans sa mort.

> Le bon curé dont l'âme sainte
> Pour nos péchés prie à l'autel,
> Qui du malheur entend la plainte,
> Et voit son frère en tout mortel ;
> Qui fait aimer sa croix au monde,
> Ouvre au pauvre une main féconde,
> Son seuil à tous, même au méchant,
> Qui sait bien dire, encor mieux faire,
> De tous les tableaux de la terre
> C'est le tableau le plus touchant.

Non loin de là étaient ces anciens qui composaient autrefois le clergé de l'église, et dont mon enfance remarquait la gravité dans les cérémonies religieuses ; ils étaient là, muets et immobiles pour jamais, ces hommes dont les voix profondes avaient si souvent retenti sous nos voûtes paroissiales, et dont les corps, maintenant refroidis et poudreux, avaient si souvent revêtu les ornements sacrés de l'église.

O vous Plocque, Desoyer, Sennelier, Baron, Offroy, Graux, Bruslé, Dagbert, ils ne sont plus ces temps où notre église avait ses fêtes que vous rendiez si solennelles, et où votre réunion formait un chœur qu'eut envié une cathédrale. Heureux temps où tous les cœurs étaient unis, où la religion avait sa foi, le culte ses pompes, où la paroisse ne formait qu'une grande famille !

8

Pauvre Dumas ! toi à qui m'unissait une amitié si vive
et si vraie, toi que tant de talents recommandaient au
monde, et dont j'aimais le cœur encore plus que l'esprit,
ta croix m'apparut aussi dans ce champ funèbre ; quoique bien jeune encore, déjà tu avais vécu, le destin avait
tranché tes jours. Ah ! que ne te laissait-il vivre, tu eusses
fait l'honneur de la magistrature, à laquelle tu te desti-
nais, ta noble intégrité n'eût jamais fléchi devant le rang
ni la puissance, la loi eût été une vérité et non un vain
mot pour toi, tu ne voyais dans les hommes d'autre su-
périorité que celle du mérite, d'autre différence que celle
des positions ; chez le riche comme chez le pauvre, tu
n'eusses reconnu d'autre autorité que celle de la justice
et de la raison ; mais une pareille vie eût été trop rare
dans le siècle où nous sommes, le ciel nous l'a enviée,
hélas ! y a-t-il donc trop de vertus sur la terre ?

Je fus distrait de ces réflexions par les sanglots d'une
mère qui venait de s'agenouiller sur une tombe voisine ;
j'approchai en silence, et je lus cette inscription sur une
petite croix de bois :

A V. Ronsin :

> Pauvre enfant, que de pleurs tu coûtes à ta mère !
> Tu ne la verras plus, toi qui lui fus si chère.
> Tes charmes, ton cœur innocent,
> Au monde n'ont fait que paraître ;
> Hélas ! pour mourir en naissant,
> Était-ce la peine de naître !

Ces deux derniers vers me parurent un reproche à la
providence ; elle seule connaît le secret de notre vie, de
notre mort, souvent nous nous plaignons là où nous de-
vrions la bénir.

Quelle est cette autre enfant que recouvre une pierre

blanche, symbole de la pure innocence ? Approchons et lisons :

Sophie de Vandierre, 4 ans 1/2.

Enfant cent fois chérie, ta petite ombre entend aussi les gémissements d'une mère inconsolable, puisse-t-elle ne pas l'appeler dans un autre monde ! Hélas ! depuis trois jours ses baisers ne t'avaient pas réveillée et elle croyait encore à ton sommeil ! Quels pleurs ! quels cris quand il fallut t'arracher de ses bras ! Elle eût pardonné à la mort peut-être sans cette cruelle séparation ; mais elle ne veut pas que sa fille soit souillée du contact impur de la terre, elle te pare en ton cercueil, elle veut que le plâtre enduise ta tombe, une main attentive t'y dépose doucement, et la terre qui couvre ta chère dépouille t'enferme sans te presser. Pauvre mère ! ces soins flattent ton ingénieuse douleur, tu n'as pas fait un éternel adieu à ta fille, tu l'enfouis comme un trésor que tu espères reprendre, et sous une terre plus légère tu la crois moins morte. Mais la mort reste inflexible. Hélas ! si elle rend ses victimes, ce n'est pas dans le monde où elle les prend.

A deux pas de là, car les rangs sont pressés dans l'empire de la mort, une tombe isolée me rappela M. Occident, mon vieil ami ; c'était un homme profondément érudit et dont la philosophie un peu épicurienne consistait à savoir jouir du présent. Toute sa vie n'avait été qu'un voyage, il avait parcouru les trois quarts du globe et après avoir presque tout vu, il était revenu, rassasié du monde, mourir au lieu qui l'avait vu naître. En vain nos désirs nous transportent sous des cieux étrangers, un doux besoin nous ramène toujours sur le sol natal.

Un mois avant sa mort, je me promenais avec lui dans ce cimetière, nous lisions ensemble les noms de tous ces morts qui, en voyageant du berceau à la tombe, avaient passé par ce pays où nous les avions connus. Quand nous fûmes aux tombes de MM. Gérard, Gouverneur, Levasseur, Marest, etc. : « Ils étaient mes amis, dit-il, nous avions commencé ensemble le voyage de la vie, je devais les précéder dans l'autre monde, mais ils ont touché le but avant moi, et m'ont laissé en chemin, je n'y resterai pas longtemps ; ah ! si alors ma mémoire vous touche, conservez-moi seulement un souvenir, et venez quelquefois lire mon nom sur ma tombe. » Et ce nom, cette tombe, ils étaient sous mes yeux ; ce souvenir est toujours dans ma mémoire. Quel regret, mais aussi quel charme que le souvenir ! C'est la vie, sans lui nous ne saurions pas aujourd'hui que nous existions hier, c'est par lui que nous vivons dans le passé, que deviendrait sans lui la pensée de ce qui nous fut cher ? L'histoire serait perdue pour nous, la mémoire serait vide, le bonheur ne se prolongerait plus dans sa douce image, et dans des temps malheureux, nous en serions réduits au déboire du présent.

> Le souvenir, présent céleste,
> Ombre des biens que l'on n'a plus,
> Est encore un bonheur qui reste
> Après tous ceux qu'on a perdus.

Je m'arrêtai sous le saule vénéré qui semble pleurer le vieux guerrier qu'il recouvre, et, sous ses rameaux traînants, je lus ces vers :

> Avec honneur il a vécu,
> D'un brave citoyen il a rempli la tâche.
> A ses enfants qui l'ont perdu,
> Pour unique fortune il lègue un nom sans tache
> Et l'exemple de sa vertu.

Appelé sous les drapeaux, il quitta sans murmure le toit paternel pour voler à la défense de la patrie. Couvert de nobles blessures il rentra dans ses foyers, fier de son chevron et de sa croix d'honneur, il redevint simple ouvrier ; il fut aussi bon père de famille qu'il avait été bon soldat. Il mourut pauvre, mais regretté, et laissant pour héritage à ses enfants sa croix d'honneur et l'exemple d'une bonne vie.

J'assistai à son convoi, on lui rendit les honneurs militaires ; on voyait sur son cercueil son sabre et sa croix, le mérite et la récompense, ils brillaient au soleil et lançaient des éclairs, génies funèbres qui semblaient accompagner l'âme d'un ami dans les cieux.

O Bougrand ! puissent ces lignes que je trace ici sauver de l'oubli ce nom modeste que déjà le temps efface sur ta tombe ; puissé-je t'offrir à nos descendants comme un modèle de courage et de résignation, et inspirer à mes compatriotes le désir de t'imiter. Mais il est d'autres braves encore dont mon pays peut s'honorer, ils ont combattu sous la République et sous l'Empire, et leur nom, comme le tien, doit être un jour le plus beau monument de leur tombe.

Je ne vous oubliai pas vous que la tombe seule pouvait séparer, et qui offrîtes à mon pays l'exemple si rare de nos jours, d'une amitié à l'épreuve du malheur et du temps, Hennequin, Lemaire ; chacun de vous pouvait dire comme ce philosophe grec : « Quand je suis avec mon ami, je ne suis pas seul et nous ne sommes pas deux. » Ah ! si aujourd'hui vous pouviez lever cette pierre qui vous couvre, on vous verrait bientôt vous unir dans la mort comme vous le fûtes dans la vie, vous embrasser sous vos linceuls, confondre vos poussières et n'avoir qu'une seule tombe comme vous n'eûtes qu'un seul cœur.

Qu'elle fut touchante votre dernière entrevue ! Hennequin se mourait : il venait de faire ses adieux à sa famille, à ses élèves qui tous fondaient en larmes autour
de lui. Lemaire arrive, il concentre le chagrin qui le dévore, et se place au chevet de son ami. Hennequin veut
lui parler, mais il n'a plus de voix, alors deux larmes
coulent le long de ses joues et montrent que le sentiment vit encore quand déjà le corps n'est plus, il lui
prend la main qu'il presse dans sa main défaillante, fixe
sur lui un long et dernier regard, soupire et meurt. Lemaire se retire sans proférer un seul mot, sans jeter une
seule larme, mais emportant au fond du cœur le trait
mortel qui doit bientôt le joindre à son ami.

Amitié ! trésor des bons, inconnu aux méchants, par
toi deux cœurs vivent d'une même vie ; ta confiance in-
time, tes saints épanchements sont plus doux à notre
âme qu'une larme de la pitié bienfaisante sur une souffrance aigüe ; tu es la consolation de toute misère, le
charme de tout plaisir, le beau matin de l'enfance et le
beau soir du vieillard. Ah ! puisse ton pur sentiment
animer toutes les palpitations de mon cœur, et quand
l'âge aura glacé mes sens, puissé-je, comme Hennequin,
exhaler avec mon dernier soupir ton feu sacré dans le
sein d'un ami.

Sous un vieux cyprès un vieillard se tenait à genoux
devant une pierre en forme de monument, on y lisait ces
vers que le temps commençait à effacer :

> Avec moi de la vie elle a fait le voyage,
> Hélas ! je lui survis pour pleurer son bon cœur,
> Et j'attends que la mort, abrégeant mon veuvage,
> En nous réunissant termine mon malheur.

Il demeurait immobile, les mains jointes et la tête in-
clinée, sa figure était calme, mais une larme, qui descen-

dait dans les rides de ses joues, montrait que son cœur était vivement ému, il priait et j'entendis ces mots :

« Mon Dieu, tu me l'as reprise, elle était tout pour « moi, que ton saint nom soit béni, elle m'aidait à suppor- « ter le fardeau de la vie, elle m'avait donné des enfants, « ils étaient élevés dans ta loi, ils eussent consolé ma « vieillesse, mais tu n'as pas permis qu'ils vécussent ; sa « présence m'embellissait le soir de la vie, c'était l'amie « de mon vieux cœur, c'était le dépositaire de toutes mes « pensées, le confident de tous mes maux, c'était mon « espoir, ma consolation, mon besoin ; hélas ! elle devait « me fermer les yeux et je pleure sur sa cendre. Prends « pitié de ta créature, Seigneur, réunis-moi à ce que « j'eus de plus cher, et permets que cette place où je « t'implore aujourd'hui soit celle où ma dépouille repose « demain.

Tandis qu'il parlait ainsi, une jeune fille, qui l'accompagnait, courait après quelques fleurs d'automne qui, ça et là, perçaient l'herbe des morts, elle les cueillait, les entrelaçait dans une couronne d'immortelles, et se faisait comme un jeu de ce travail ; son âge échappait à l'enfance, sa joue avait la fraîcheur de la rose et ses longs cheveux se déroulaient en tresses d'ébène sur le blanc tissu que sa gorge n'arrondissait pas encore ; vive et enjouée, elle semblait moins attristée de tout ce deuil que distraite par ses fleurs. Quand sa couronne fut terminée, elle vint la suspendre au cyprès qui penchait sur la tombe, elle embrassa le vieillard, lui prit la main, et jouait avec cette main en revenant avec lui parmi les tombes qu'elle franchissait d'un pied léger. On eut dit un bel ange des tombeaux caressant la vieillesse et jouant avec la mort en naissant à la vie.

Et toi, jeune Cochu, c'était donc pour la mort que l'étude t'avait si profondément instruit, ton intelligence devançait les années, tu savais tout dans l'âge où les autres commencent à apprendre ; qu'il est sublime ce discours sur l'immortalité de l'âme, quelle énergie de pensées, quelle profondeur de raisonnement ! Si près de la tombe y lisais-tu ton avenir ? Etait-ce la destinée de ton âme que tu prédisais si bien, et savais-tu aller si tôt dans l'autre monde chercher la preuve des vérités qu'un pressentiment secret te révélait dans celui-ci ? Pauvre jeune homme ! tu n'entendras plus ces applaudissements, tu ne rapporteras plus en triomphe ces prix que tous les ans tu recevais en public, et ce laurier, qui couronnait en toi l'écolier studieux et vainqueur, ne doit plus ombrager que ta tombe.

Je vis cette tombe jumelle où une mince cloison de terre sépare deux amants malheureux ; nulle pierre, nulle croix ne l'indique, je la reconnus aux deux monticules de gazon qu'elle forme dans un coin à l'écart. Ah ! sans doute on n'y pouvait graver d'éloge, et rien ne devait rappeler au souvenir les morts qu'elle renferme. Martyrs du sentiment, je vous citerai ici, ne fut-ce que pour effrayer, par votre exemple, la jeunesse qu'entraine la passion immodérée de l'amour. Marie avait seize ans, Pasquier l'aimait et en était aimé : se voir, se parler sans cesse était devenu un besoin pour eux ; pauvres et forcés de travailler pour vivre, ils oubliaient en se voyant le malheur de leur condition ; ils étaient heureux comme on l'est quand on s'aime, mais leur bonheur devait bientôt finir ; un ordre arrive, Pasquier ne peut rester plus longtemps, il faut qu'il parte. Quitter Marie, ne plus la voir, cela se pourra-t-il ? De son côté, Marie n'en peut supporter l'idée, la mort lui serait moins cruelle. Un soir nos amants se réunissent, ils jurent de ne plus se quitter, et résolvent de s'unir dans la mort plutôt que de se séparer dans la vie, ils s'enferment, allument des charbons et expirent asphyxiés dans les bras l'un de l'autre.

Cependant huit jours se sont écoulés sans qu'aucun d'eux ait reparu dans la ville, on a remarqué que depuis ce temps, la maison de Marie est restée fermée ; on l'ouvre, on court à sa chambre, deux cadavres à demi putréfiés et horriblement déformés s'offrent à la vue.

Leur inhumation fut secrète et nocturne ; ils furent placés l'un près de l'autre, aucune larme n'humecta la terre qui retomba sur eux, on resta insensible et on les blâma. Hélas ! il est vrai, ils étaient blâmables, quelle que soit l'ardeur d'une passion elle ne nous justifie pas du crime où elle nous porte, mais qui peut apprécier l'influence d'un sentiment exalté sur la raison ?

> Exemple de tendresse, hélas ! et de folie,
> Victimes à la fin d'eux-mêmes et du sort,
> Ils passèrent tous deux sans regretter la vie,
> Des liens de l'amour dans les bras de la mort.

Que ne puis-je placer ici les tombes de ces hommes qui illustrèrent notre vieux château et furent jadis les célébrités de mon pays ! Je parlerais de ces Hugue, de ces Albéric, de ces Trie ; je parlerais de ces Renaud, de ces Fayel, intrépides défenseurs et quelquefois rivaux de leur roi. O Chabannes, je raconterais tes exploits, je dirais tes victoires et ces honneurs brillants que te prodiguait la reconnaissance de Charles VII et de Louis XI. Je dirais cette héroïque piété à qui nous devons cette belle église qui, malgré les siècles et son espèce d'abandon, est encore le plus beau monument de mon pays. Ah ! c'est là qu'on doit révérer ta mémoire. Je l'ai vu ce caveau sépulcral où tes mânes reposent, j'ai osé entr'ouvrir ton cercueil, j'ai vu ce qui fut toi ; j'ai pesé ta poussière dans ma main, et je me suis dit : voilà l'homme.

Titres, talents, vertus, fortune, honneurs, mémoire,
    En vain vous flattez notre orgueil,
Au vallon de la vie, hélas! malgré la gloire,
    Tout va s'engloutir au cercueil.
Ainsi tout rentre enfin dans l'éternel silence,
Ainsi passe, emportant sa gloire et sa puissance.
    L'homme que la mort a glacé,
Mais pour renaître un jour au sein de l'être immense
    Qui reste quand tout a passé.

Mais des croix, des tombes qui resplendissaient sous un rayon de soleil vinrent frapper ma vue ; c'étaient celles des familles Gouverneur, Marest, Richard, Champy (1), Bocquet, Lecouvreur, Lucy, Landry, Lacour, Brunard, Hennequin, Dupille, Pancheret et autres. La mort qui avait décimé ces familles avait étendu là l'enfant près de son aïeul, la fille près de son père, l'épouse près de son fils : âge, rang, sexe, ici tout est réuni. Les fleurs, les couronnes qui paraient plusieurs de ces monuments montraient qu'ils étaient souvent visités par le deuil et les regrets. Je remarquai la tombe modeste de M. le vicomte d'Orsay, chevalier de St-Louis, ancien capitaine des gardes du roi, homme de probité antique ; et près de lui celle de Dorigny, son vieux serviteur, à qui sa rare fidélité fit ériger un monument, et qui, s'il se réveillait, demanderait pardon à son maître de partager avec lui les honneurs de la sépulture.

Et toi, pauvre Leriche, était-ce là la couche d'hyménée qui t'attendait ! Déjà dans les songes de ta pensée, tu

(1). M. Champy (Auguste), capitaine au 28e de ligne, blessé mortellement à la bataille de St-Privat contre les prussiens, mort à Metz à l'âge de 35 ans, et que sa mère désolée fit ramener à Dammartin, où sa mémoire reçoit les honneurs dus aux braves qui sont morts pour le service de la patrie.

t'enivrais, avec la jeune épouse qui t'était promise, à cette coupe de volupté que le bonheur répand sur deux cœurs qu'unit un lien sacré ; mais la mort, qui rit de nos vains projets, vint briser les guirlandes, renverser l'autel et les flambeaux déjà préparés pour ce beau jour de fête. Elle te frappe, tu tombes comme cet arbuste que le printemps allait parer de fleurs et de fruits, et ton dernier regard et ton dernier mot sont un reproche à la destinée.

Et toi, dont il ne reste plus qu'un souvenir, pieuse Sebe dite Landeau, et vous, dames de Rhuite, Cuignard, Maulny, Hubert, Lucy, et vous, bienfaisante Bernier, vertueuse Levasseur, et vous, dames d'Orsay, Moreau-Offroy, Labarthe, Bouchard, Bellenger, si bonnes, si charitables, et vous tous, âmes généreuses, cœurs compatisants qui, connaissant la faiblesse humaine, sûtes pardonner et secourir, je ne passerai pas sur vos poussières sans payer à votre mémoire le tribut d'éloge qu'elle mérite ; l'amour du prochain, la charité furent un besoin pour vous ; chaque jour..... mais non, je ne révèlerai pas ici le secret de vos bienfaits, je laisse à ceux qui vous bénissent la consolation de les citer, et j'abandonne votre éloge à la louable indiscrétion de leur reconnaissance. Que je les plains ceux qui, d'un œil insensible, voient le bonheur ou l'infortune d'autrui, qui n'ouvrent leur âme qu'au vil intérêt qui les ronge, ils ne connaissent pas les ineffables plaisirs de la tendresse, jamais ils n'ont souri aux caresses d'un enfant, ni pleuré au tombeau d'un ami, ils vivent... on ne sait pourquoi, et passent comme ces feuilles arides qu'emporte le vent. Que répondront-ils à ce Dieu qui va leur demander compte des jours qu'il leur a prêtés? Les malheureux! ces biens, ces richesses qu'ils adoraient, tout les aura fui, et ils n'auront pas peut-être une seule bonne action à opposer aux rigueurs de la mort.

En passant devant les tombes de la famille Bouvet, je me rappelai ce jeune homme que mon pays vit naître, et qui en serait l'honneur s'il n'en était le regret.

> C'était le meilleur des amis,
> Toi qui pleures sur sa poussière,
> Demande au ciel un pareil fils,
> Hélas ! et plains son pauvre père.

Elevés ensemble, l'amitié qui nous unissait datait presque du berceau ; le même goût de l'étude, le même amour des beaux-arts nous rapprochaient sans cesse, si je faisais l'histoire d'une chose, son pinceau en faisait la peinture. C'est ainsi que nous allions explorant ensemble tout ce que notre pays nous offrait de remarquable ; quels intéressants voyages, quelles douces promenades nous faisions alors !

Une fois, car je me plais dans ces souvenirs, nous voulûmes visiter dans toute sa majesté Notre-Dame, cette antique métropole de Paris ; c'était un jour de fête, il y avait grande solennité, le bourdon tintait. Cette grosse bouche de bronze, disait mon ami, n'a de voix que pour les grandeurs du ciel et de la terre, elle ne gronde que pour Dieu et les rois. Elle a frémi sous les pas sonores des ans et des siècles, elle a proclamé dans le monde la naissance et la mort de cent rois, et dans mille ans peut-être, elle tonnera encore dans le vieux beffroi de cette tour comme un orage dans les airs. Et puis, ajoutai-je, le temps emportera ce bourdon, ces tours, cette ville, comme il a emporté Thèbes et Babylone, comme il emporte les empires et les nations.

Nous montâmes au haut de ses tours, leur sommet semblait nous isoler dans un ciel plus pur. Paris déroulait sous nos yeux l'énorme amas de ses toits et de

ses murs ; il nous apparaissait comme dans un gouffre ;
au fond de ses rues on voyait s'agiter en tous sens
l'immense fourmilière d'hommes qui l'habitent, leur
bourdonnement montait jusqu'à nous et se perdait dans
l'air. Non loin de là, le cimetière du Père-Lachaise
élevait en amphithéâtre l'épaisse forêt de ses croix et de
ses tombes, il était là près de cette foule animée comme
un vaste réservoir de la mort pour recevoir la décharge
de la vie.

Encore un jour, encore une heure, dis-je à mon ami,
et tous ces êtres, qu'agitent tant de passions, ne seront
plus qu'un peu de poussière dans ce grand sépulcre qui
les attend ; mille autres en passant se sont arrêtés là
pour remplir une destinée, mille autres s'y arrêteront
après eux, et tous seront venus déposer sous une pierre
le fardeau de la vie. Ah ! laissons tous ces mortels
sacrifier à leurs chimères ce moment qui va leur échap-
per ; pour nous, ne cherchons qu'en nous-même ce
bonheur qui peut l'embellir, ne sacrifions qu'à l'amitié
et à la raison, et que le sentiment qui nous unit soit
toujours notre plus belle fortune.

Et nous contemplions ces tours toutes noires de la
rouille des âges, et que les révolutions de la terre
retrouvaient toujours debout et immobiles, malgré
l'effort des siècles : c'étaient comme deux platanes antiques dominant une immense forêt, ou comme deux
colonnes d'un autre âge, dont le front sourcilleux étayait
dans les orages la voûte fléchissante des cieux. Ce jour,
tout un peuple était prosterné sous les arceaux du vaste
édifice qu'elles couronnent, mille voix frappaient leurs
voûtes, l'orgue grondait à leur base, le bronze rugissait
comme une voix de géant dans leurs entrailles, et leurs
troncs prodigieux étaient comme deux canaux sacrés
par où la terre communiquait avec le ciel.

Religieux par principe, mon ami ne pouvait souffrir tous ces écrits de controverse où des Bergiers, des Nonnottes modernes s'échauffent indiscrètement pour la cause de Dieu.

« Dieu, ce mot si grand, si sublime, disait-il, que toute la terre devrait s'incliner en le prononçant, devrait-il être ainsi livré à la polémique de ce monde, n'est-ce pas l'apetisser que vouloir le défendre et mettre à la portée des hommes ce qui restera toujours au-dessus d'eux ? Défendre une religion, c'est lui nuire en montrant qu'elle a besoin d'être défendue, c'est mettre son Dieu sous le patronage de l'homme , c'est dégrader sa cause sainte et la soumettre à l'erreur des jugements humains. Rien ne fait plus douter de la vérité d'une chose que les soins qu'on prend de la prouver. Mon ami, ajoutait-il, quand Dieu veut se manifester aux hommes, il leur lance un soleil et tout l'univers l'adore ; quand les hommes veulent le nier ou le prouver, ils font des livres et le temps les emporte. »

Pauvre Paul ! il t'a emporté aussi, mais si la mort nous a séparés, un autre monde, je l'espère, nous réunira ; pour moi, tant que je serai dans celui-ci, ta mémoire ne me sera pas moins chère que ne me le fut ton existence.

Je vis le gazon qui recouvre cette jeune muse qui ne vécut que pour la gloire et qui voulut mourir inconnue, Mlle Rogelet. On lisait ces vers sur sa pierre :

> Le monde a peu connu cette âme solitaire,
> Elle a passé sans bruit ; de ses pas sur la terre,
> Le côteau, la vallée ont gardé le secret.
> Elle rêva l'amour, la gloire, le génie ;
> Elle ne voulait rien qu'un nom dans cette vie,
> Elle n'y laissa qu'un regret.

La nature l'avait douée de rares talents ; mais elle

était de ces muses timides qui, craignant le bruit et la taxe que le public impose à toute célébrité, écrivent dans le secret, chantent dans le silence et meurent inconnues. On n'admire leur génie qu'en le regrettant, ce sont des diamants qui n'ont brillé que dans l'ombre, et leur œuvres sont comme ces belles nuances de pourpre et d'or qu'on ne voit à l'horizon du soir qu'après que le soleil a disparu. Elle eût été la Sapho de son siècle si la mort ne l'eût affranchie de bonne heure des maux auxquels nous expose le don fatal du génie. Elle a passé dans le monde sans y laisser plus de trace que le chant de l'oiseau solitaire, que le parfum de la fleur ignorée. Pauvre fille! tu ne verras plus ce beau ciel de ton enfance, ni ces champs qui t'inspiraient, ni cette mère qui t'adorait. Hier encore tu possédais une âme brûlante de vie et de pensée, le myrthe et le laurier devaient couronner ton front virginal; mais la mort, jalouse de tes vingt ans, jalouse de ton génie, a posé son sceau de plomb sur tes lèvres de rose; elle a changé tes fleurs en cyprès, et ton lit d'hyménée en un triste cercueil. La renommée ne publiera pas tes œuvres, et ton nom sans gloire s'éteindra dans l'oubli.

Qu'es-tu venue faire sur la terre? préluder à tes concerts et passer comme l'onde qui murmure en fuyant. La fortune t'a trompée, elle te devait une autre existence ou moins de génie. Ombre perdue dans la foule, tu dors aujourd'hui du sommeil du vulgaire; une orgueilleuse pitié, une sotte critique peut-être sont tes honneurs funèbres; que t'ont servi cette lyre que tu n'as pu faire entendre, cette âme de feu, cette imagination brillante qui te remplissaient d'inspirations sublimes? Ah! le génie dans une femme c'est un brillant défaut, c'est un éclair de vie que le feu destructible et vivifiant de la pensée fait naître et tue.

Qu'il est beau, me disais-tu un jour, de se survivre dans sa pensée, de songer que nos chants immortels charmeront dans l'avenir des peuples qui s'entretiendront de nous ! Le temps qui a dispersé les cendres d'Homère a cent fois depuis bouleversé des empires, emporté des nations, des dieux, des cultes, et couvert cette vieille terre de ruines et de tombeaux ; mais ce dieu de la pensée est resté debout sur son autel, chaque siècle s'y incline en passant, et son grand nom qui a prescrit contre le temps, semblable aux astres du firmament, brille d'un éclat que rien ne peut plus ternir. Ah ! que ne puis-je aussi, moi, quand j'aurai mêlé ma cendre à celle de tant de morts, laisser de mon passage un long et doux souvenir. Infortunée ! telle était ta noble ambition, et ton regret en mourant fut de n'avoir pas assez fait pour la gloire : mais console-toi, il n'est rien d'éternel ni d'universel ici-bas, et qu'est-ce après tout que cette gloire ? un éclair dans l'ombre, un peu de bruit dans le silence. On admire une immortalité de trois mille ans, mais que sont trois mille ans, je ne dis pas dans l'éternité, mais dans une seule révolution céleste ? le monde est encore nouveau et avant qu'il ait vieilli il y aura bien des immortalités de mortes. Cet homme que son génie a déifié qu'est-ce que son universalité ? demandez aux Chinois, aux Péruviens, aux Lapons, demandez aux trois quarts de la terre, ce que c'est qu'Homère, Alexandre, Rome, Athènes ? A peine connaissent-ils ces noms, et pour quelques-uns qui surnagent, combien qui s'abiment dans le fleuve de l'oubli ; on connait à peine aujourd'hui ces Lasthénie, ces Télésille, ces Sapho, ces Hypatie, ces Corinne, qui furent des célébrités de leur siècle : tout meurt, tout s'éteint, c'est la loi des êtres. Quand l'homme a vécu il faut qu'il tombe comme un fruit mûr tombe de sa tige, et que son nom s'oublie comme le murmure de l'eau qui a passé.

> Voyez à Waterloo ce qui reste aujourd'hui
> D'un peuple que la mort à la gloire a conduit,
> Cherchez-y la grandeur et la trace profonde
> De cet homme fameux qui fit trembler le monde,
> Qui rendit, en quittant le gouvernail des lois,
> L'équilibre à la terre et la paix à vingt rois.
> Dans ce champ où la mort eut un monde à détruire,
> Le bœuf laboure en paix la cendre d'un empire,
> Le voyageur s'assied à l'ombre des moissons,
> Et la jeune bergère entonne ses chansons.
> Ainsi le temps dont rien ne brave le ravage,
> De l'homme sur la terre efface le passage ;
> Ainsi, vastes tombeaux, Pharsale et Marathon,
> D'un empire fameux n'offrent plus qu'un vain nom.
> L'homme se flatte en vain d'une vie immortelle,
> La mort, à qui sa tombe oppose un nom rebelle,
> Ne lui laisse en ce nom qui doit subir ses lois
> Que le droit de mourir une seconde fois.

Ah! laisse, te disais-je, laisse un instant cet éclat terrestre qui t'éblouit, transporte-toi en idée dans ces hauteurs qu'habitent la religion et la philosophie; de là jette un regard sur ce point imperceptible qu'on appelle la terre, vois à quoi se réduit la partie habitée de ce petit globe, songe que ses peuples divisés par des mers, des montagnes, des fleuves, diffèrent de lois, de mœurs, de langage; que la moitié de ces peuples est encore aveuglée par l'ignorance et la barbarie, que l'autre est déchirée par l'ambition, l'intérêt et l'envie, et puis envie la gloire de briller un instant sur cet amas de boue. Crois-moi, te disais-je encore, ne sacrifie pas à cette vaine chimère ce peu de jours que tant de nuages obscurcissent, n'envions pas d'autre immortalité que celle des justes après cette vie ; laissons la mort à l'homme et l'éternité à Dieu, vivons pour mourir sans regret et non pour vivre dans un livre. Mais elle ne répondait pas, elle soupirait. Nous étions dans un jardin : Vois ce laurier, lui dis-je, un vernis brille sur sa feuille, il est toujours vert, mais son fruit est un poison, vois cette immortelle, sa couronne est magnifique, elle plaît à tous les yeux, mais des milliers d'insectes rongent ses racines. Elle comprit l'allusion et quelques larmes de dépit brillèrent dans ses yeux.

Jeune infortunée ! tu ne mourras pourtant pas toute entière, un ami des beaux-arts a recueilli les fruits secrets de ta muse, la mort n'aura pas ces pensées brûlantes du génie, ces méditations nobles et profondes qui occupèrent si souvent ton esprit et ton cœur, et s'ils doivent te suivre dans l'oubli, au moins ils t'auront survécu. Hélas ! je n'aurai pas le même sort ! moi aussi pourtant j'ai des chants, j'ai un ami en qui je pourrais me survivre, mais je ne dois pas l'espérer : le pays que j'habite se rit des nobles productions du génie, le talent n'y donne pas de droit à la survivance. Quand j'aurai fermé les yeux à cette belle lumière que j'ai chantée, quand ma tombe aura disparu sous le gazon des morts, ce pays, dont ma muse fit la peinture et l'histoire, ce pays l'objet de mon amour, de mon dévouement, ne donnera pas une larme à mon souvenir ; ces lignes que je trace ici auront passé, elles n'y toucheront l'âme d'aucun lecteur, et rien, rien de moi n'y rappellera mon passage dans la vie.

Alors, elle sera là, cette froide enveloppe de moi-même, mais elle, cette intelligence qui pense en moi, où sera-t-elle ? Vous tous qui, avant de reposer ici, avez passé avant moi sous ce vieux soleil qui féconde vos poussières, ah ! dites-le-moi, un mot, un mot seulement, parlez, où êtes-vous maintenant, que sommes-nous quand nous ne sommes plus ? Qu'avez-vous senti en quittant ce corps mortel ? Avez-vous des souvenirs de votre être ? Habitez-vous d'autres corps, une autre terre ? Etes-vous tremblants devant votre Dieu, attendant son jugement suprême, ou purs esprits dispersés dans l'espace errez-vous dans l'éternité, jouissant du bonheur des justes ou souffrant du châtiment des méchants ? Votre âme dégagée de ses liens ne peut-elle communiquer avec la nôtre, comme un rayon du ciel avec la lampe de nos temples ? N'est-ce pas de vous que nous viennent nos pressentiments, nos visions, nos rêves prophétiques ? Anciens compagnons d'infortune, nous voyez-vous encore dans cet exil, où vous nous avez laissés ? Avez-vous emporté vos pensées, vos sentiments ? Ah vous qui me fûtes si chers et que je pleure encore, dites : m'entendez-vous, m'aimez-vous toujours ? Quoi ! pas un de vous ne répond, quoi ! pas un mot, pas un signe qui vous révèle, la mort est inexorable, la tombe est muette, et ce grand mot de l'avenir, ce mot d'un autre monde qui ferait tressaillir celui-ci, ce mot qui dirait tant de choses, ne sera jamais prononcé. Jamais... que cela est terrible ! et hors la foi, l'homme, plongé dans les abîmes du doute, n'aura toujours pour éclaircir le mystère de lui-même que les ténèbres de sa raison et les errements de sa pensée.

Je cherchais, mais vainement, car rien ne marque plus sa place dans le champ des morts, je cherchais, dis-je, la tombe de cette femme dont la courte apparition dans le monde y laissa des regrets profonds et un souvenir bien cher parmi nous : Louise-Constance Poissonnier était son nom. En la parant de tous les charmes de son sexe, la nature l'avait douée d'un excellent cœur, elle fut mariée, elle eut une fille qui devait être mon épouse, et elle mourut dans la fleur de l'âge. Née à peine encore et presque orpheline, sa fille perdit tout en elle, son premier regard vit le malheur planer sous les crêpes du deuil qui enveloppaient son berceau, son avenir était triste et sombre ; mais le ciel protecteur du faible lui rendit la meilleur des mères dans Geneviève Leduc, son aïeule paternelle. Cette digne femme la protégea de sa tutelle, la couvrit de sa tendresse, et après l'avoir vue mariée et mère, elle mourut dans ses bras. O vous, à qui je dois la compagne de mes jours, la moitié de moi-même, ombres chères, recevez en hommage la vénération que j'éprouve sur la terre qui vous renferme.

En parcourant ce cimetière, j'aurais voulu visiter aussi la sépulture de cette femme mystérieuse qui, sous le nom de comtesse de M...., est venue mourir à Dammartin Mais aucun monument ne l'indique, et sa tombe en s'affaissant n'a pas laissé plus de trace parmi les morts que celle qu'elle renferme parmi les vivants.

> Le chef-d'œuvre de la nature,
> En elle de la mort devait subir les lois.
> Les vers rongent cette figure
> Que paraient les amours et qu'adoraient les rois.
> Esprit, grâces, beauté, formèrent son mérite,
> Les honneurs, la fortune accouraient à sa voix,
> Dans les cours, les plaisirs voltigeaient à sa suite.
> Mais aujourd'hui qu'elle a vécu,
> Malgré les pleurs qu'elle demande
> Le passant s'informe et demande,
> Ce qu'elle a fait pour la vertu.

Mais silence ! Elle est sous le sceau de la tombe et ses vices comme ses vertus pèsent dans la main du Dieu qui doit tout juger.

Près d'un groupe de cyprès qui ombrage les monuments de la famille Brunard, était une tombe fraîche encore et qu'aucune herbe n'avait recouverte, j'approchai et je lus cette inscription sur une croix de fer :

CI GIT NICOLAS SENNELIER, etc.

Il laisse sans appui sa femme et son vieux père ;
Deux enfants au berceau l'appelleront en vain ;
Son bon cœur, sa jeunesse et son franc caractère,
Font à tous ses amis regretter son destin.

L'hymen l'avait uni à ma famille, c'était le meilleur des hommes, sa gaîté, sa franchise l'avaient rendu populaire dans le pays, tout le monde l'aimait, tout le monde le pleura ; jeune encore, l'avenir était plein d'espérance pour lui. Mais déjà son temps était fini, il tombe, une mort soudaine le frappe, il expire dans les bras de sa veuve éplorée entre deux enfants au berceau et un père qui achève de vivre, et qui, privé de l'ouïe, reçoit son dernier adieu sans l'entendre.

Pauvre Sennelier, j'ai reçu ton dernier soupir, je t'ai fermé les yeux et j'ai senti dans mon âme le vide affreux qu'y laisse la perte d'un ami.

A quelque distance de là, la tombe de Georges Laville attira mes pas. Il était là près de sa vertueuse épouse frappée comme lui au printemps de ses jours. Et deux orphelins délaissés viennent demander à ces tombes des cœurs naguères encore encore si pleins de tendresse pour eux. Pauvres enfants, regardez le ciel, ce n'est plus que de là qu'ils peuvent quelque chose pour vous.

J'allais quitter ce champ funèbre quand en passant près d'un massif de pins et de mélèzes, un bruit léger m'attira sous son ombre. Un jeune homme y était assis sur un tertre de gazon ; il paraissait absorbé dans une rêverie profonde, son front pâle était appuyé sur sa

main, il fixait un œil humide sur une pierre où l'on voyait
un jeune amour tenant un bouton de rose flétri sur sa
tige, et une couronne nuptiale rompue sous les doigts
d'Atropos. Au dessous était écrit :

A JULIE.

> Quiconque l'a connue
> Plaint ceux qui l'ont perdue.

— Voyez-vous, me dit l'étranger en me montrant
cette pierre, c'est là qu'elle est. — Qui ? — Une âme
d'ange dans un corps mortel, reprit-il vivement ; une
femme qui n'était point faite pour la terre, et qui depuis
peu est remontée au ciel. — Et vous l'aimiez ? — Jamais
femme n'embrâsa un cœur d'homme de feux plus purs
et plus ardents, jamais femme ne fut plus adorée et plus
digne de l'être. C'était ma gloire, mon bonheur, le trésor
de ma vie ; que ne puis-je l'oublier, ou pourquoi l'ai-je
connue ?... Qui que vous soyez, si le cœur d'une femme
en naissant à l'amour a versé dans le vôtre tout ce qu'il
renferme de douceur et de tendresse, si vos lèvres ont
pu recueillir une larme touchante de ses yeux, et si, au
moment où vous alliez vous enivrer à cette coupe de délices que l'amour répand sur deux cœurs qu'il embrâse,
cette femme a été frappée de mort dans vos bras, vous
avez une idée de mon malheur. — L'étranger fit une
pause ici, puis il reprit : — Hélas ! l'hymen allait nous
unir, quelle ineffable joie il eût répandu sur nos jours,
quel riant avenir il offrait à ma pensée. Nos familles s'en
réjouissaient, déjà l'autel était paré, le prêtre n'attendait
plus que le couple heureux pour bénir un lien tissu par
le plus tendre amour, je touchais à ce moment qui....
mais c'eût été trop pour un simple mortel. l'affreux cho-

léra répand son haleine empestée, Julie en est atteinte,
elle tombe et ces flambeaux allumés pour notre hymen
sont les torches funèbres de son trépas.

J'ai vu cette femme adorable se flétrir sous le doigt
glacé de la mort et son voile nuptial changé en linceul.
j'ai vu son dernier regard se fixer sur moi, son dernier
soupir articuler mon nom, et avec lui s'évanouir tout ce
qui m'attachait à la terre.

— Jeune homme, les passions, quels que soient les plaisirs qu'elles nous donnent, ne valent jamais la raison
qu'elles nous ôtent ; notre repos, notre bonheur, ne
commencent qu'où finit leur empire, l'homme n'est heureux que quand il est sage. — Vous voulez dire insensible... Puis son front retomba sur sa main et il demeura
pensif. Je vis que mes raisons étaient sans effet sur lui,
et je m'éloignai.

Quelques jours après, ce jeune homme avait disparu
dans le monde, et, à la place où je l'avais vu, on voyait
s'élever une tombe nouvelle.

Et vous dont j'ai tant de fois serré la main, vous si
connus, si répandus dans le monde où vos places sont
vides, Bleu, Labarthe, Garnier, Landry, Blanchet, sont-
ce bien vos noms que je lis ici sur ces blocs de marbre
qui pèsent sur vos dépouilles. Quand je rappelais vos
mérites, en exprimant nos regrets au milieu du cortège
nombreux de vos funérailles, était-ce à moi de parler
sur votre tombe, étant si près de la mienne ? Mais pourquoi ces marbres si lourds pour vous, si froids pour nous,
qui vous scellent dans vos sépulcres et tirent entre vous
et nous un rideau de pierre pour l'éternité ? Vos noms
y sont-ils mieux gravés que dans nos mémoires, y résis-
teront-ils mieux à l'oubli du temps ? Ah ! que j'aime
bien mieux la croix de fer, l'ombre du cyprès et la verdure du gazon ; le genou s'y tient mieux que sur la

pierre, la terre y est plus légère pour le défunt, il semble qu'elle nous en sépare moins, qu'il nous entend mieux quand nous lui parlons, et au grand jour du jugement elle ne sera pas pour lui un obstacle à la résurrection. Au printemps la végétation nous sourit sur sa tombe, elle y marie la vie à la mort, et dans le parfum de la fleur que nous y plantons, que notre deuil se plaît à cultiver, ne semble-t-il pas que c'est quelque chose de son âme que nous respirons ?

Mais cette sépulture du pauvre est trop simple pour le riche, il faut du luxe à la vanité des vivants pour enchâsser cette poussière du mort.

J'allais quitter ce lieu, quand j'entendis quelques sanglots ; ils s'élevaient d'un groupe de cyprès ; une femme y priait à genoux devant une croix, où elle venait de suspendre une couronne de blanches marguerites. Quand elle se fut éloignée, j'approchai et je lus cette inscription gravée sur la pierre :

Chère enfant dont la tombe emporte
En toi ma vie et mon trésor,
Est-il bien vrai que tu sois morte,
Hélas ! puisque je vis encor ?

Je plaignis cette pauvre mère qui semblait regretter de vivre après sa fille, et j'osai ajouter à cette épitaphe ces quatre vers que je traçai au crayon :

Quand vous n'aviez qu'un même cœur,
Et qu'avant toi ta fille tombe,
Sache supporter le malheur
De n'avoir pas la même tombe.

Cependant le soleil était descendu au bord de l'horizon, où des nuages de pourpre s'ouvraient à son passage ; le calvaire avait allongé son ombre comme un long crêpe sur les tombes qu'il domine, les clochers ardoisés de nos églises brillaient seuls à la ville des derniers feux du jour, on eût dit que du sein d'un autre monde le soleil projetait deux auréoles d'or sur ces hautes maisons de Dieu ; le reste se brouillait dans l'obscurité naissante, tout était désert et triste autour de moi, je n'entendais plus que le hibou, qui, sorti de quelque urne voisine, secouait son aile poudreuse et saluait la nuit de son cri lugubre. Je ne distinguais plus qu'à peine quelques solitaires qui erraient comme des ombres sous des arbres funéraires, ou qui, agenouillés sur des tombes, demeuraient immobiles comme des statues. Je sortis de ce lieu où tout parle de mort et d'éternité, je quittai, pour y revenir, tous ces reliquaires de dépouilles humaines, et je me disais : Heureux qui avant de reposer ici, a rendu une âme pure à Dieu et laissé un nom sans tâche au monde !

LONGPÉRIER

C'est un village très-ancien, il en est fait mention dans des titres de l'an 1000. Il est situé à un kilomètre de Dammartin, sur la côte méridionale de la montagne. Son nom tire son étymologie, selon toute apparence, des longues avenues de poiriers qui existaient dans l'origine et dont quelques-unes existent encore sur son terroir. Sa population est de cinq à six cents âmes ; son église, remarquable par son abside, était jadis une dépendance du prieuré-cure de Dammartin ; elle ne fut érigée en cure distincte qu'en 1530, par M. Briconnet, évêque de Meaux.

Il y a dans Longpérier deux grandes fermes, dont l'une, nouvellement reconstruite, présente la forme et l'élégance d'un château. Ces fermes exploitent les deux tiers du territoire, dont le sol est très-productif et plantureux. Ce village a reçu aussi l'impulsion du progrès : L'ardoise y prime le chaume, ses rues sont mieux pavées, ses maisons symétriquement alignées, ses chemins plus viables ; ses habitants, presque tous propriétaires et parents par des alliances, sont comme une grande famille vivant dans l'aisance que donne le travail, et l'union qui fait la fraternité. Ils ont créé dans leur pays des établissements ; une mairie, une maison d'école, un cimetière *extra muros* leur manquaient encore, ils en ont voté le prix, et la mairie s'élève aujourd'hui dans le voisinage de l'église. Sa façade présente l'ornementation d'un monument public. Là, est la salle d'école où l'instituteur reçoit l'enfant selon la nature pour le former selon la société ; le bureau où la municipalité enregistre la naissance et la mort de ceux qui passent dans la vie, et la chambre où l'officier civil unit de par la loi ceux qui s'unissent.

Lors de l'invasion étrangère, les habitants de Longpérier, obligés d'abandonner leur pays à la soldatesque, se réfugièrent avec leurs bestiaux dans le plus épais des bois de Saint-Laurent, à six kilomètres de chez eux, ils y vécurent pendant un mois en proie à toutes les privations, à toutes les craintes et exposés à tous les dangers d'une pareille émigration.

Longpérier se distingue de beaucoup de villages par les beautés variées de son site pittoresque et champêtre : rien n'est riche, curieux et accidenté comme sa plaine, ses jardins, ses nombreux vergers ; il est tel de ses vallons qu'on pourrait comparer à ceux qu'on admire dans la riche vallée d'Automne. Plusieurs de ses maisons disséminées çà et là, tapissées de pampres de vigne, ombragées de leurs noyers antiques, avec les prairies agrestes, les jardins fleuris, les arbres qui les entourent, présentent en petit un riant tableau de la Suisse. Ses fruits, ses fourrages, ses grains font tout son commerce ; il recueille son pain dans ses champs, son vin sur les côteaux voisins. On y voit des poiriers qui comptent plus de deux siècles ; ils donnent leurs fruits à ceux dont ils ont vu naître les aïeux. Ses habitants, dans le bien être que donne l'aisance, sont portés à la gaîté, et à la dévotion. Rien de plus joyeux, de plus animé que leur interminable fête de la Madeleine, patronne du pays, et de plus sacré pour eux que la croix Malin. Cette croix, à un kilomètre du pays, est située sur le bord de la route de Dammartin à Paris ; on ignore son origine ; tous les ans, le jour de l'ascension, le clergé de Longpérier, suivi de toute la paroisse, y vient solennellement en grande procession. La tradition rapporte que dans des temps reculés une épidémie qui désolait la commune cessa du jour qu'on vint en procession implorer au pied de cette croix la miséricorde divine ; depuis ce temps la paroisse y est toujours venue le jour de l'ascension ; malgré les siècles et les révolutions, cette simple croix de bois avec son christ existe toujours sous la protection de la foi, et ceux qui y prient y portent toujours la même dévotion.

Les habitants de Longpérier sont laborieux et paisibles ; ils possèdent leurs biens moins qu'ils n'en sont possédés ; là, comme ailleurs, on ne connaît guère d'autre science que le calcul, d'autre distinction que la fortune ; quel que soit le villageois il ne peut guère se soustraire au contact de la ville, ses besoins le mettent avec elle en des relations plus favorables à ses intérêts qu'à sa moralité ; il faut donc, qu'à la faveur de l'instruction, le villageois soit préservé des mirages trompeurs de la ville ; et qu'il trouve dans sa raison éclairée les moyens de profiter des lumières qu'elle répand, sans souffrir de l'air malsain qu'on y respire.

La condition du paysan qui cultive sa terre plus que son intelligence est de voyager du berceau à la tombe, une bêche et une serpe à la main, de travailler beaucoup pour amasser peu, ne jouir jamais et laisser en mourant des enfants qui l'imiteront, un nom peu connu et un souvenir bientôt oublié.

Heureux cependant les habitants de Longpérier s'ils savent conserver cette fraternité qui les unit, cette dévotion qui les console, les moralise. Cet amour des champs et du travail qui les éloigne des séductions du monde, assure leur indépendance et leur fait trouver du bonheur dans la simplicité.

Le clocher de Longpérier était une tour carrée surmontée d'une couverture en tuile à deux pans, comme étaient ceux de Saint-Mard, de Montgé, comme sont encore ceux d'Othis, de Vinantes, de Oissery; ils ont été refaits dans la forme qu'on leur voit aujourd'hui. De nouvelles cloches y ont été placées. Celle de Longpérier en 1847, celle de Saint-Mard en 1857. On remarque que dans la partie du département de l'Oise limitrophe au sud et à l'ouest de Seine-et-Marne, presque tous les clochers sont en pierre sculptée et pyramidaux, c'est à tort qu'on en attribue la construction aux anglais; ils ont beaucoup détruit et n'ont rien édifié pendant leur guerroyante et calamiteuse occupation de notre beau pays.

————

Le 30 mai 1847, M. Collinet et Mme Revenaze, propriétaires des deux fermes de Longpérier, ont été parrain-marraine de la nouvelle cloche. Voici à ce sujet les vers que je fis à la prière des habitants qui les leur présentèrent avec des fleurs.

A M. COLLINET ET A Mme REVENAZE

LES HABITANTS DE LONGPÉRIER

C'est avec joie, en ce pays,
Qu'on voit une cloche nouvelle
Se placer sous votre tutelle,
Et porter vos noms réunis,

Dans des siècles ces noms encore
Seront sur son métal sanctifiés chez nous,
Car chaque jour sa voix sonore
Nous parlera de Dieu, de l'Eglise et de vous.
De nos travaux, de nos prières,
Elle va nous marquer le temps,
Et de son baptême les pères,
A leurs fils, parleront longtemps.
Puisse cette cloche chrétienne,
Qui de notre clocher demain fera l'honneur,
N'avoir pour ses parrain, marraine,
Que des heures de joie et des sons de bonheur.

DOCUMENTS

RELATIFS

A LA VILLE DE DAMMARTIN

Copie d'un titre de 1376, rapportant un titre de 1113, par
lequel les chanoines du prieuré de Saint-Jean-de
Dammartin abandonnent aux habitants de cette ville
leur jardin servant de cimetière de la paroisse, à la
condition par ceux-ci de clore ce cimetière de murs, etc.

A tous ceux qui ces présentes lettres verront A...
Ferry Maussans, Prévost de Dampmartin, et Adam Co-
chet, garde des sceaux dudit lieu, salut ! Savoir : faisons
que le mercredi deuxième jour du mois de janvier de
l'an de grâce mil trois cent soixante-seize, nous rapporta
et témoigna par son serment Thomas Roussel Clart,
tabellion juré de la comté de Dampmartin, que ledit
jour il avait vu et lu de mot à mot une lettre passée
dessous le scel de ladite prévoté de ce lieu, qui fût fait
et passé par devant Jéhan Sagot, Clart, tabellion de la
dite comté de Dampmartin, laquelle lettre était fort
empirée et déchirée dont la teneur s'en suit :

« A tous ceux qui ces présentes lettres verront A.....

Jéhan Leflorent, Prévot de Dampmartin et Jacques
Tousat, garde des sceaux de la comté de Dampmartin,
pour haut et puissant seigneur Antoine de Champaigne,
comte de Dampmartin et comte de Champaigne, en partie
seigneur de Meaux, en partie châtelain et grand amiral
de France, sous le roi notre sire et lieutenant-général du
roi en la marche et en la durée de Normandie, salut !
savoir faisons que par devant Jéhan Sagot, Clart, tabellion juré de la comté de Dampmartin, commis et établi déjà par ledit seigneur en ladite comté, vinrent et
furent présents en leur personne par devant ledit juré,
vénérable et discrète personne frère Regnaud Dupuis,
prieur de Saint-Jean et curé de Notre-Dame-de-Damp-
martin, avec lesdits religieux de ladite prieuré de Saint-
Jean, c'est à savoir : Frère Nicaise Dupuis, frère Pierre
Regnault, frère Jéhan Boutry, frère Jacques de Lis,
frère Antoine de Longe, frère Laurent Passey, religieux de ladite prieuré de Saint-Jéhan, tous prêtres,
vicaires et administrateurs dessous l'abbé de Saint-
Martin - de - Réricourt ..... (lacune) ..... frère Regnault
Dupuis, curé de l'église de Notre-Dame-de-Damp-
martin, tous ensemble de l'autre part avec la plus
grande partie des habitants de la ville de Dampmartin,
c'est à savoir honeste personne Jacques Touzat, seigneur en partie de Longpérier et gouverneur de la
comté de Dampmartin et seigneur en partie de Saint-
Marc et procureur de la comté, Jéhan Foudery, receveur, Guillaume Simon Bailly, de Dampmartin, Antoine
Milliart, Jéhan Foury, Nicaise Chantereau, Gefroy de
Valery, Philippe Bouché, Jéhan Dumanil, Pierre Abran-
trou, Anthoine.... franc compte ; Laurent l'ancien, An-
grion Trixange, Adam Poussin, Jéhan Roussel, Regnault Delange, Jéhan Gilles, Heliot-Jéhan Bourgeois,
Pierre de Condé, Urbain Duflochel, Félix de Compans,

Pierre Roussel, Jéhan Damiens, Simon....., Pierre, le boucher ; Guillaume Lefèvre, Jéhan Thibault, Flamant Lair, Jacques de Perrine, Guillaume Parthe, Oudin Goulon, Guillaume Bénédicte, Denis de Domartin, Jéhan Bourdin, Thomas Parpelis, Jacques Jolis, Jean Guide, Antoine Taillefer, Souplex, le serrurier, Jéhan de Lair, Pierre Yembourg, Richard Desportes, Guillaume Montère,..... St-Semin, Juvet Roncent, Pierre Pommelet, Jéhan, le Soultes, Pierre Alirentrouvé, Droust Pillon,.... de Mauregard, Jacques Mazin Raffin, poudrier, Jéhan de Trondis, Philippe Falliane, Guillaume Letraver, Jéhan Marsan, Pierre de Ploures, Guillaume de Meaux, F. Condé-Puison, Nicolas de Marchémoret, Jéhan Dannevéant, Jéhan de Senlis, Guinefort de Bonneville, Etienne Terronge, Guillaume Ragon, Jacques Devion, Jéhan Paumerens, Raban..., le frippier et plusieurs autres, tous d'un accord ensemblement avec ledit prieur et tous ses compagnons .....(lacune)..... audit prieur de de Saint-Jéhan de Dampmartin et à tous les successeurs, prieur, curé de Dampmartin, au temps à venir de clore et entretenir de clôture et muraille, de la hauteur de trois pieds de haut hors de terre, le cimetière de Dampmartin contenant....... arpent de terre assise derrière la dite prieuré de Dampmartin, tenant tout au long des fossés derrière le jardin d'André. ..., d'autre au grand chemin allant à la Justice, et à Senlis par la porte de Paris, à la charge que ledit prieur et tous ses compagnons devant nommés ont tous quitté à toujours et jamais perpétuellement tout le droit qu'ils pouvaient avoir audit cimetière, eux et leurs successeurs, prieur et compagnons, réservé les droits de la sépulture et enterrement des trépassés, même comme foin, pommes, poires, noix et autres fruits..., et tout revenu quelconque, en quitte-tout droit réservé la sépulture des corps et en

sommaire et obliger tous les revenus de ladite prieuré.....
le contenu en ces lettres par devant ledit juré en met-
tant les mains sur la poitrine pour .....(lacune).... de
Prestre .....(lacune)..... et entretenir eux et ceux qui
après eux viendront à toujours, à jamais, perpétuellement sans aller ni autrement venir à contraire. Laquelle
lettre fut faite et passée sous le scel de la prévoté de
Dampmartin dès le onzième jour du mois de juillet l'an
de grâce mil cent et treize, en témoin de ce nous, à la
relation dudit Thomas Roussel Clart, tabellion juré audit comté de Dampmartin nous avons mis .à ces lettres
notre grande arme le scel de la prévoté de Dampmartin
qui furent fait et passé en notre auditoire de Dampmartin par notre sentence et par droit en jugement à la présence de la plus grande partie des manans et habitants
de Dampmartin. En présence de frère Jacques Dela-
granche prieur de Saint-Jéhan de Dampmartin, frère
Dénis Poussin et frère Guillaume Boutroy, le mardi
deuxième jour du mois de janvier, l'an de grâce mil trois
cent et seize. Par notre sentence et par droit.

Signé : T. Roussel.

---

*Ratification de l'acte ci-contre, par les habitants de
Dampmartin, en 1182, rapportée dans cet acte de 1376.*

A tous ceux qui ces lettres verront, A. Farry Maus-
sant Prévot de Dampmartin et Simon, garde du scel de
ladite prévoté, salut, savoir fesons que l'an de grâce
mil trois cent soixante et seize, le samedi vingt-qua-
trième jour du mois de février, nous rapporta et témoigna par son serment, Thomas Roussel Clart, tabellion

juré de la comté de Dampmartin, que ledit jour il avait
vu et lu de mot à mot une lettre passée dessous le scel
de la prévoté de Dampmartin en l'an de grâce mil cent
quatre-vingt-deux, le premier jour de janvier, laquelle
lettre est fort empirée et l'escripture entière, la teneur
en suit :

Item. L'an mil cent quatre-vingt et deux fut présent
en sa personne frère Pierre Regnault, curé prieur de
Saint Jéhan et Notre-Dame-de-Dammartin en Gaule
avec ses compagnons : frère Nicaise Dupuis, frère Jéhan
Boutry avec les bourgeois de la ville de Dampmartin
dont les noms suivent : premièrement, honneste personne et gentilhomme et .....(lacune)..... maître Jéhan
Foucy, gouverneur de la ville et comté de Dampmartin,
Jéhan Maillart, procureur de ladite comté, Guillaume
Simon, Pierre Hoir, Nicaise Chantereau, Regnault le
Fortier, Gefroy de Valery, Pierre de Lierre, Jéhan Bourgeois, Jacques Ferry, Jacques Touset, Regnault de
Lange, Gilet Héliot et plusieurs autres bourgeois tous
du Bourg accort et consentement, ont accordé au dessus
dit prieur et compagnons et se sont soumis et obligés
eux et ceux qui d'eux viendront au temps à venir à clore
le champ, lieux et cimetière dudit Dampmartin assise
derrière la prieuré de Saint-Jéhan de Dampmartin tenant tout du long des fossés de ladite ville et d'autre
part tout le long de la voye allant à la Justice ou fourches dudit Dampmartin, aboutissant par bas au long
des prés dudit prieuré et d'autre bout à la porte de Paris
de ladite ville.

Nous, prieur et compagnons de notre accord et consentement, quittons tout droit de revenus dudit champ,
abandonné aux dits bourgeois à la charge qu'ils l'entretiendront de clôture à toujours et jamais, réservé la sépulture des corps, etc., et a tel signé ladite lettre du scel

de la cure, saine et entière du scel et de rupture, fait
l'an et jour dessus dits.

Signé : Roussel, avec paraphe.

En achevant de copier littéralement ces pièces sur
leurs originaux, je me demande ce que sont devenus
tous ces habitants de Dammartin qui y sont nommés,
et qui vivaient où nous vivons au commencement et à
la fin du XIIᵉ siècle, c'est-à-dire il y a près de sept cents
ans : le temps a détruit leurs ossements et dispersé leur
poussière ; peut-être quelques-uns d'eux avaient-ils la
prétention de vivre dans la postérité, et grâce à ces actes
leurs noms, échappés à l'oubli, sont tout ce qui nous
reste d'eux pour nous dire qu'ils ont passé avant nous
dans ce temps où nous passons aujourd'hui pour y être
demain anéantis comme eux.

V. Offroy.

ARCHIVE CURIEUSE DE 1209.

*Donnation par Gauthier, vicomte de Dampmartin, à
l'Hôtel-Dieu de cette ville des primes et droits qu'il
avait sur les habitants du lieu.*

Je, Gauthier, vicomte de Dampmartin, fais savoir à
tous présens et avenir que du consentement et volonté
de dame Clémence, ma femme, tant pour moi comme
pour elle et pour le remède des âmes de nos pères et

mères et pour l'âme de Guillaume, mon frère, Chevalier, défunt; ay donné et concédé aux frères et malades de la maison-Dieu de Dampmartin, ensemble toutes les appartenances d'y celui pour en jouir et possesser perpétuellement et à toujours.

Les hoirs de feu Mathieu, le chevalier de Longpérier, doivent, chacun an, paître pour quarante jours un homme de la maison-Dieu dedans les portes du Chatel de Dampmartin, au mois de may ou de juin, tant qu'ils détiendront la dixme du Ménil, et si ils changeaient ladite dixme ceux es-mains desquels serait ladite dixme feront toujours paître ledit homme en ladite maison comme dessus.

Les hoires de feu Hugues Malscris, doivent paître celui homme de ladite maison, chacun an, pour un mois en may ou en juin, dedans les portes dudit Chatel, tant qu'ils tiendront les terres de mondit Oust, et celles qui sont à l'entour, et si ils échangent icelles ceux en la main desquels elles viendront seront tenus par semblable raison paître y celui homme.

De chacusne nopce célebrée audit Dampmartin, à Longpérier ou à Mayencourt, au commencement du diner des noces, aura ladite maison-Dieu ung pain et demi setier de vin et deux pièces de chair, l'une en sauce et l'autre en rot. De chacusnes épousées audit Chatel de Dampmartin ou es dites villes de Longpérier ou Mayencourt. Si elles trépassent en aultre ville, ladite maison-Dieu aura pour le troussel de l'espousée quatre deniers, et si elles sont épousées en aultre lieu et elles vont audit Châtel de Dampmartin ou passent par y celui ou si elles viennent à Longpérier ou à Mayencourt, semblablement la maison-Dieu pour le troussel de l'espoussée aura quatre deniers, et si, de la partie des dites épousées, toutes ces choses n'étaient satisfaites à la dite maison, le maître d'y celle clora les portes du Chatel et n'y entrera ladite espousée si amcorps et premièrement elle n'a pleinement satisfait audit maître d'y celle.

De toutes et chacusne charretée de bûches entrant es portes de Dampmartin aura, ladite maison, une bûche raisonnablement prinse, si comme de la somme aussi une bûche, des fagots un fagot, de toutes et chacusne charretée desceules de boisseaux, lattes ou lames aura, ladite maison-Dieu, deux esceules, deux lattes, un myneau ou un cercle, une latte ou deux écharras. De ceux qui vendent oustiaux qui appartiennent à l'hôtel aura le dist maître, à sa volonté, fourche ou pelle ou beschel, des escuelles, une escuelle, de toutes magnières de fruits qui sont vendus à compte, aura trois poires ou trois pommes et aussi des aultres. Et des fruits qui sont vendus à escuelle ou à mesure, ladite maison-Dieu plein poing de noix, trois des aulx, des oignons trois des chefs, des escalongnes, un glanon, trois choux, des poireaux et autres mêmes herbes, plein poing, et si telles choses viennent en charrette, elle aura son partaige de tous les participants, et si la charrette est à ung homme de chacusne chose qui y sera trouvée aura ladite maison son partage.

Et de chacune charretée venant du dehors, si elle ne paye son partaige au premier jour, elle le paiera au premier jour d'après quand elle viendra au marché, et de tous ceux qui portent à bertelle fruits et telles choses la dite maison aura aussi son partaige, et nul homme, qui demeure au château, d'herbe, de fruits ou bestiaux, ne payera le partaige s'il ne les apporte du dehors.

Laquelle chose à celle fin qu'elle soit ferme et stable j'ai fait affirmer ces présents de mon scel l'an de l'incarnation de notre Seigneur mil c c neuf au mois de juin.

1263. *Donnation de l'Hôtel-Dieu de Dammartin par Aleaume, évêque de Meaux, aux abbés et couvent de l'église de Chambrefontaine.*

A tous ceux qui ces présentes lettres verront, Etienne Duchemin, contrôleur ordinaire du domaine du roi notre sire, en son baillage de Meaux et garde pour ledit seigneur des sceaux de la prévôté dudit Meaux, salut ! savoir fesons que par Claude..... et Jean Maciel, notaires royaux jurés et établis au Baillage de Meaux, ont été vues et lues et collationnées de mot à mot, certaines lettres en parchemin saines et entières de sceaux et d'escriptures si comme par l'inscription d'icelles est dûment apparu auxdits notaires jurés, desquelles lettres la teneur s'en suit :

Aleaume par la miséricorde de Dieu, humble ministre de l'église de Meaux, à tous ceux qui ces présentes lettres verront, salut au seigneur.

Nous fesons savoir que nous avons donné et accordé pour toujours aux abbés et couvent de l'église de Chambrefontaine, l'Hôtel-Dieu de Dammartin en goële, avec toutes les possessions, fruits et revenus présents et futurs, qui appartiennent audit Hôtel-Dieu et ce à condition que ledit abbé et couvent enverront deux frères de leur église dans ledit Hôtel-Dieu pour y servir et régir ledit Hôtel-Dieu et tous ses biens, pour y faire l'hospitalité aux pauvres malades et sains en la manière qu'il a été jusqu'ici, si les biens dudit Hôtel-Dieu viennent à croisser dans la suite et encore pour y célébrer la messe, desquels frères, un sera maître et nous sera présenté à nous, évêque, et à nos successeurs par ledit abbé et sera pourvu par nous, si nous l'en trouvons capable, si non nous pourrons le refuser et l'abbé sera tenu de nous en présenter un autre, et il recevra de nous ce soin que les autres maîtres dudit Hôtel-Dieu ont accoutumé de recevoir, et ledit maître qui sera reçu promettra par serment qu'il ne convertira point les biens dudit Hôtel-Dieu en d'autres usages que l'utilité d'icelui Hôtel-Dieu.

Lesdits abbés et couvent seront aussi tenus d'entretenir à perpétuité ladite maison dans le bon état qu'elle est maintenant ou même de l'améliorer des biens d'icelles et ils ne pourront jamais y mettre plus de deux frères. Lesdits abbés et couvent nous ont promis qu'ils n'ont fait ni ne feront aucune obligation avec le seigneur de Dammartin, qui soit au préjudice d'icelui Hôtel-Dieu et au nôtre, mais nous, doyen et chapitre de Meaux, nous approuvons ladite concession, et nous avons jugé à propos de mettre à ces présentes notre sceau avec le sceau dudit évêque.

Donné au mois de février l'an mil deux cent soixante-trois et scellé sur ladite de soye rouge et verte de deux grands sceaux en cire verte, en témoin de laquelle cession et collation nous, garde dessus nommé, au rapport desdits notaires jurés et leurs seingsmanus été mis, avons scellé ces présentes lettres et vidimus desdits sceaux de la prévoté de Meaux, lesdits jurés vus, tenus et collationnés le sixième jour d'octobre l'an mil cinq cent cinquante deux.

Signé : Hrups et Maciet, avec leurs paraphes.

Collationné la présente copie sur celle qui est au trésor de l'évéché de Meaux, et, par moi, remise audit trésor, par moi secrétaire apostolique du diocèse de Meaux soussigné, le 11 mars 1690.

Signé : Royez, avec paraphé.

*Exécution de la fondation d'Antoine de Chabannes,
comte de Dammartin, faite en 1488 par M. Jean,
évêque de Lavaure, exécuteur testamentaire de
M. Antoine de Chabannes, fondé de procuration de
M. Jean de Chabannes, fils héritier dudit Antoine
de Chabannes.*

Dans cet acte d'exécution la seule addition consiste en
ce qui suit :

Ledit seigneur et ses successeurs présenteront lesdits doyens et chanoines à Mons l'évêque de Meaux,
sauf que ledit abbé qui est de présent et ses successeurs
auront la présentation d'une chanoinerie et prébende à
laquelle prébende il présentera un religieux de son dit
monastère toute fois qu'elle vaquera, lequel sera tenu
de résider et continuer le divin service comme les autres chanoines, lequel chanoine régulier sera le premier
assis en la chaise première de la partie senestre du
chœur, et aura la première voix au chapitre après le
doyen, et présidera en l'absence d'icelui.

---

*Erection de la chapelle de Notre-Dame en collégiale
faite le 18 février an 1488, par M. Jean, évêque de
Meaux.*

Ledit sieur Jean, après avoir vu et lu la fondation de
M. Antoine de Chabannes, les charges de ladite fondation, les souscriptions des procureurs constitués par
M. Jean de Chabannes, voulant exécuter les dernières
volontés d'Antoine de Chabannes, s'exprime ainsi :

« Nous, Jean, évêque de Meaux, avons, par notre autorité, approuvé et érigé la chapelle consacrée à la sainte
vierge, mère de Dieu, en l'église collégiale.

L'abbé de St-Martin précité aura le droit de choisir
le cinquième chanoine, et ce chanoine siégera après le
doyen à la première place parmi les chanoines, et il le
prendra parmi les religieux de son monastère.

Les susdites présentations seront faites à nous et à
nos successeurs. Ce que nous avons institué et ce que,
par ces présentes, nous approuvons, confirmons et pu-
blions en assurant aux doyens, aux chanoines, au collège
et à l'église collégiale tous leurs honneurs et toutes
leurs prérogatives, tant celles qui sont accoutumées que
celles qui leur sont allouées d'après les lois.

FIN

PIÈCES DIVERSES

NAPOLÉON Iᵉʳ A DAMMARTIN

C'était, j'en ai bonne mémoire,
Quand son aigle volait de Paris à Berlin (1) ;
Napoléon, partant pour fixer la victoire,
    Devait passer par Dammartin.
Eglise, autorité militaire et civile,
Couronne, arc triomphal, gardes et magistrats,
Tout était préparé dans la petite ville
    Pour ce premier des potentats.
Il arrive, il s'arrête, on s'approche avec crainte
    Auprès de ce dieu des combats,
On regarde en tremblant si sa foudre est éteinte,
Et si mille guerriers ne l'accompagnent pas.
Sur un vaste obélisque, orné d'un vert feuillage,
    Ses victoires en lettres d'or
Dans leurs noms glorieux s'élevaient par étage ;
    Le héros était jeune encor,
Pourtant bien haut déjà montait l'échafaudage.

(1) 1806.

Au pied de ce beau monument
Une source nouvelle, au doux bruit de son onde,
Semblait fêter aussi celui que tout le monde
Voulait fêter en ce moment.
Soudain elle s'arrête, et le murmure cesse (1) :
— Pourquoi cela dit l'Empereur ?
— Sire, répond le maire qui s'empresse,
C'est que l'art en est le moteur,
Et qu'à la fin tout ressort s'use ;
Quand votre Majesté rend nos destins meilleurs
La nature ici nous refuse
Cette eau qu'elle prodigue ailleurs.
— Eh bien, on vaincra la nature,
Une fontaine à source pure
Ici de votre ville ornera le milieu ;
Je veux que de son eau l'éternelle abondance
A vos enfants un jour rappelle dans ce lieu
Votre accueil, notre gloire et ma reconnaissance.
Mais pour Eylau, Wagram, Austerlitz, Marengo,
L'empereur oublia la fontaine et son eau.
Devant lui, dans la foule, un vieillard se présente :
D'épis et de lauriers il a fait un faisceau,
Et dresse pour l'offrir d'une main vacillante
Sa tête en cheveux blancs et son corps en arceau (2).
Napoléon reçoit ces lauriers et ces pailles,
Écoute le vieillard qui parle sans façons,
Et la puissante main qui gagne des batailles
Serre l'utile main qui fauche les moissons.

---

(1) Tout cela avait été simulé par M. Lavollée, maire, qui voulait engager Napoléon à donner à la ville une fontaine naturelle
à la place de cette eau factice.

(2) Le père Blondeau, ancien soldat, agent de culture, alors
chez M. Cochu.

— Quel âge comptez-vous ? — Sire, la destinée
Me fait juste aujourd'hui vieux de quatre-vingts ans,
   Et c'est ma plus belle journée !
   — Tenez, acceptez pour présents
   Un napoléon par année.
Et le vieillard reçoit quatre-vingts francs en or.
Il chancelle de joie en voyant ce trésor,
   Regrette presque la centaine,
A son pauvre logis s'en revient tout joyeux,
   Et trouve, en palpant cette aubaine,
Que ce n'est pas toujours un malheur d'être vieux.
   Sur l'obélisque où de l'histoire
   Le burin gravait les exploits
   De ce soldat que la victoire
   Elevait par dessus les rois,
   Un an après, hors d'infortune,
   Le vieillard, d'aise rajeuni,
   Voulait graver le nom chéri
   Du héros qui fit sa fortune,
   Mais l'obélisque était rempli.

A RACINE

AU SUJET DE L'ÉRECTION DE SA STATUE A LA FERTÉ-MILON

Salut ! toi qui jouis d'une gloire solide,
Emule de Corneille et rival d'Euripide.

Immortelle grandeur d'un siècle qui n'est plus,
Dans ce marbre fidèle (1) où tu revis encore,
Le poète t'admire, et ton pays honore
    Le génie orné de vertus.

Le sol qui t'a vu naître est fier de ta naissance,
Ton astre y fit éclore une gloire à la France,
Tu sortis de son sein brillant et radieux,
Comme aux portes du jour un soleil solitaire
S'élève et fait bientôt admirer à la terre,
    L'éclat dont il revêt les cieux.

Quand tu parus, Boileau décochait la satire,
Lafontaine instruisait, Molière faisait rire,
Corneille des romains avait peint les grandeurs.
De ces chantres fameux les poétiques flammes
Amusaient les esprits, édifiaient les âmes,
    Toi, tu vins attendrir les cœurs.

Ta pensée explora les beaux ans d'Ionie.
Port-Royal te vit peindre, au feu de ton génie,
D'un peuple de héros la gloire et les malheurs ;
Sur la scène où tonnait ta puissante harmonie
Tu charmais comme Orphée, et des yeux de l'envie
    Tes accords arrachaient des pleurs.

Ah ! quand Iphigénie à Calchas se présente,
Ou quand ton Andromaque, alarmée et tremblante,
Vient implorer Pyrrhus pour le cher fils d'Hector,
A ces tableaux si vrais, puisés dans la nature,
Quel cœur n'eût applaudi, quelle âme froide et dure
    Aurait pu résister encor ?

(1) Statue érigée à Racine, à la Ferté-Milon, le 20 septembre
1833.

Phèdre paraît : en vain cette œuvre magnifique
D'une femme célèbre (1) éveille la critique ;
En vain contre tes vers les Pradons ont grondé ;
Ces vers, dont Melpomène admire la merveille,
Sont encor pour ta gloire enviés d'un Corneille,
      Encor applaudis d'un Condé.

Déjà ton nom fameux, domaine de l'histoire,
Vole de bouche en bouche au temple de mémoire ;
Déjà ton jeune front s'ombrage de lauriers.
Louis qui fait marcher les grands talents ensemble,
T'accueille en cette cour où la gloire rassemble
      Les poètes et les guerriers.

Là, tu vois ce monarque, illustrant ses journées,
De l'Europe en vainqueur régler les destinées,
Faire éclore d'un mot le génie et les arts,
Et par tes vers encor, plus tendres et plus belles,
La Vallière, Nemours, ces déesses mortelles
      Charmer les cœurs et les regards.

Là, tu vois ces héros, ces grands noms qu'on révère,
Hommes-dieux de leur siècle, astres dont la lumière
Lustre de ses rayons le règne de Louis,
Et ces murs où Lebrun incruste nos conquêtes,
Et ce parc magnifique où de pompeuses fêtes
      Frappent les regards éblouis.

O poète ! jouis, ton sort est sans déboire,
Aux succès que la scène applaudit pour ta gloire,
Tu joins pour ton bonheur la faveur de ton roi.
Mais ton œil s'attendrit, tu détournes la tête,

(1) Deshoulières.

En vain ton roi t'honore, en vain sa cour te fête,
  Ces faveurs sont sans prix pour toi.

Quelle cause soudaine assombrit ton visage ?
Est-ce une Troie en flamme, une Hécube en veuvage,
Dont ta muse en secret peint le deuil et l'horreur ?
Est-ce une Iphigénie arrachée à sa mère ?
Non, c'est un sentiment que tu ne pourras taire
  Pour ta gloire et pour ton malheur.

A cette cour brillante, à sa pompe insensée
Le peuple offre un contraste en ta triste pensée ;
Tu sais que ce luxe est payé de ses sueurs,
Que l'impôt ruineux va jusqu'en sa chaumière,
Rogner le peu de pain qui soutient sa misère
  Pour que l'or brille en ces splendeurs.

Tu sais qu'à ce peuple est le luxe qui le mine,
Ce qu'est pour le vallon, ce qu'est pour la colline
Le soleil dévorant qui tarit son ruisseau,
Et que plus d'un grand homme y languit dans la peine,
Comme un lys, dont la fleur parfumerait la plaine,
  Languit sur un tertre sans eau.

Louis, dont tant d'exploits illustrèrent la vie,
Dans le soin de son peuple et le sort du génie
Oubliait un devoir au sceptre réservé :
Ce grand roi négligeait Villars et La Fontaine,
Et Boileau refusait la faveur souveraine,
  Dont un Corneille était privé.

La pompe de Versaille appauvrissait la France,
Le peuple gémissait : ta touchante éloquence
Fit parler humblement sa misère et son vœu.
Toi qui charmais les cœurs, tu crus que le poète

Entre un peuple et son prince était un interprète
Comme l'ange entre l'homme et Dieu.

Mais les rois, si jaloux de l'éclat de leur gloire,
N'aiment pas de leurs torts l'importune mémoire.
Pour eux la vérité souvent est un affront,
Et du haut de leur ciel ces soleils de la terre
Toujours d'un trait vengeur brûlent l'œil téméraire
Qui voit des taches à leur front.

Le dédain de ton roi paya ta noble audace,
Racine, tu devais tomber sous la disgrâce
Qu'en son pieux exil emporta Fénélon.
Console-toi, bientôt ta sublime Athalie
Près de ce roi qui t'aime absoudra ton génie,
Mieux que les pleurs de Maintenon.

Tu gémis, cependant, au fond de ta retraite,
Tu regrettes la cour ; eh ! qu'importe au poète
L'inconstante faveur qu'on détourne de toi ?
Va, si la voix du pauvre a parlé par ta bouche,
Si la religion te sourit et te touche
Un Dieu te console d'un roi.

Un jour le voyageur, déplorant leur misère,
Des grandeurs de Louis foulera la poussière,
Et sous l'arbre immortel, où tu vis toujours grand,
Il viendra saluer dans ta pierre chérie,
Le savant dont la gloire honora sa patrie
Et ne coûta ni pleurs ni sang.

LE DIMANCHE

Me voici dans ce bois, heureux dépositaire
De mes biens les plus chers, la paix, la liberté ;
    Ici nul souci, nulle affaire
Ne vient m'importuner d'un nouvel œuvre à faire,
    Ni d'un monde que j'ai quitté.

Etendu mollement sous un vert chèvrefeuille,
D'où pendent cent festons enlacés par mes mains,
J'écoute un rossignol qui chante sous la feuille,
Des hameaux d'alentour les murmures lointains,
Et les jeux des zéphirs, dont la troupe légère
Entr'ouvant le feuillage où l'écho me répond,
Laisse tomber dans l'ombre un rayon de lumière
Qui vient par intervalle illuminer mon front.

    J'entends le bourdon de la ville,
    Et la clochette des hameaux,
Dont les sons, réveillant la foi dans chaque asile,
Sont portés par les vents de côteaux en côteaux.
    C'est le jour où quittant la terre,
L'homme aux pieds des autels se rapproche de Dieu.
A cette heure l'encens fume dans le saint lieu,
    Et devant la lampe de feu
Tout l'univers chrétien se prosterne en prière.

Pour moi ce vert bocage est un temple désert
    Dont le vieux chêne est la colonne ;

Ces oiseaux dont le chant résonne
Sont le chœur dont l'écho répète le concert ;
L'essence de ces fleurs sauvages,
Qui parfument ce dais d'ombrages,
Est l'encens que la terre exhale vers le ciel ;
Et moi, triste et pieux mortel,
Je suis le pèlerin qui, passant dans la vie,
Vient dans ce temple où l'heure à prier le convie,
Se reposer à l'ombre et bénir l'Eternel.

Je te bénis, Seigneur, du sein de ma misère ;
Je ne suis devant toi qu'un atôme de terre ;
Mais l'homme et l'univers sont égaux sous ta loi,
Et, par delà ces cieux, ces orbes de lumière
Dont tes pieds foulent la poussière,
L'hommage d'un mortel peut monter jusqu'à toi.

Je te bénis, Seigneur, quand tu plaças mon ombre,
Dans l'ordre harmonieux des choses d'ici-bas,
D'avoir ouvert mes yeux aux merveilles sans nombre
Qui brillent sur ma tête et naissent sous mes pas.

Pour m'admettre un instant au banquet de ce monde
Ta bonté m'appela du néant où j'étais,
Comme un infortuné qui, d'une nuit profonde,
Passe au jour éclatant d'un immense palais.

J'ai goûté par ton ordre à l'onde de la vie,
Je l'ai trouvée amère et j'en ai murmuré.
Mais ton nom sur ma lèvre épura cette lie,
Et mon dégoût cessa dès que je t'implorai.

J'ai vu sur la vertu le triomphe du vice,
Le juste en gémissant mourir dans la douleur ;
C'est pour cela, Seigneur, que j'attends ta justice,
Et que mon âme espère un ciel réparateur.

Non, Titus et Néron, Cromwell et Louis seize
Ne sont pas dans la mort les mêmes devant toi,
Et tes poids sont divers quand ta balance pèse
Les vertus de l'esclave et les crimes d'un roi.

Ton doigt marque le terme où marche la nature ;
Tu veux que par le mal le bien soit combattu ;
Ton dessein s'accomplit sur toute créature :
Qu'il s'accomplisse en moi, Seigneur, par la vertu.

Dans ce poste d'un jour d'où la mort nous relève,
J'ignore d'où je viens, où je vais, où je suis ;
Mais comme ce soleil qui sous ta main se lève,
Je marche sur ta foi comme tu me conduis.

Ah ! soit que dans un ciel de splendeur et de joie,
J'aille au chœur des élus me joindre pour toujours,
Soit que dans un enfer ta justice m'envoie
Expier dans les pleurs le crime de mes jours ;

Ou bien que du néant... mais je ne puis le croire ;
La mort ouvre pour moi l'éternelle prison,
J'obéirai, Seigneur, mais j'aurai vu ta gloire,
Et mon dernier soupir bénira ton saint nom.

A M. G^r...

ÉTUDIANT EN DROIT

RÉPONSE

> La poésie est le luxe de la vie.
> LAMARTINE, (*Lettre à l'auteur.*)

Ami, je chanterais si le Dieu du commerce,
Si l'enfant jeune encor que la nuit ma main berce (1),

(1) 1840.

N'occupaient de leurs soins mes jours d'œuvres trop pleins
Et s'il ne me fallait, souvent dans la semaine
Servir, pour des plaideurs prodigues de ma peine,
    Cette Thémis dont tu te plains :

Je chanterais si, libre, hélas ! j'avais encore
Mon ciel de paix, mon champ, mon vert coteau que dore
D'un beau soleil couchant le jour inspirateur,
Et cette illusion si riante, si pure,
Où mon regard séduit ne voyait la nature
    Qu'à travers un prisme enchanteur.

Mais avec mes vingt ans ont fui tous mes beaux songes,
Au charme des beaux-arts, à leurs brillants mensonges
A succédé pour moi la triste vérité.
Le temps de ma jeunesse effeuille la couronne,
Dans l'erreur qu'il détruit, la raison qu'il me donne,
    M'enlève un plaisir regretté.

Déjà mûr et blanchi par l'âge et la pensée,
Sur la mer de ce monde où ta barque est lancée
Je ne puis désormais te suivre que de l'œil,
Et je ne pourrai pas, sous le vent qui te presse,
Longtemps de mes conseils protéger ta jeunesse
    Contre la tempête et l'écueil.

L'amour, l'ambition, la gloire et ses chimères,
Idoles autrefois à mes désirs si chères,
N'enflent plus de mon cœur l'avide vanité ;
Ton Dieu ne sourit plus à ma muse féconde,
Sous le masque de l'art, je ne vois dans le monde
    Qu'une froide réalité.

Mais toi que tout séduit, que tout charme en cet âge
Où l'amour de la vie embellit le passage,

Où l'on rêve une femme, un laurier, un bonheur,
Où, bravant le trépas, notre forte pensée,
Sur l'aile du génie en l'infini lancée,
      Des temps sonde la profondeur ;

Dans ces champs que tu peins, sous ce ciel qui t'inspire,
Ami, dois-tu sitôt, dans un sombre délire,
Briser parmi des fleurs ta lyre et tes pinceaux ?
Dois-tu pour ta Thémis, transfuge du Parnasse,
T'abîmant dans ce Droit dont l'esprit tue et glace,
      Laisser imparfaits tes tableaux ?

Laisse d'arides lois l'étude qui t'arrête,
L'école des Cujas est malsaine au poète,
Le Droit fait un docteur, la muse un immortel,
Chante pendant qu'encor ta muse printanière
Des magiques tableaux d'un monde imaginaire
      T'embellit ce monde réel.

Pendant que la nature à tes yeux n'est point fade,
Que le bois a sa nymphe et l'onde sa naïade,
La fortune un éclat et le génie un nom ;
Chante, ami, chante avant qu'à l'aspect d'une tombe,
De ces fantômes vains le prestige ne tombe
      Sous l'œil glacé de la raison.

Noble enfant d'Apollon, tes plaisirs sont d'un sage ;
Cultive ces beaux-arts qui plaisent à ton âge,
Et formant sa raison rendent l'homme meilleur :
Mais sache qu'il vaut mieux bien faire que bien dire,
Et qu'en nous le talent ou l'esprit qu'on admire
      Valent toujours moins qu'un bon cœur.

Quels que soient nos talents dans ce monde où nous sommes
Nous n'avons aucun droit à l'estime des hommes

Si pour eux nous ne faisons rien.
Et des titres flatteurs dont notre orgueil se pare,
Riche ou pauvre, avant tout, le plus beau, le plus rare,
  C'est le titre d'homme de bien.

Va, je lirai tes vers, et mon âme attendrie
Aimera dans tes mains la peinture chérie
D'un bonheur dont déjà je suis désenchanté :
Ainsi dans ses foyers, échappé du naufrage,
Le marin aime encor une fidèle image
  Du flot trompeur qu'il a quitté.

AUX FEMMES DE FRANCE.

A vous femmes de cœur, à vous femmes de France,
Qui voulez de nos maux abréger la souffrance,
Délivrer le pays et faire des heureux,
Salut ! nous admirons votre patriotisme,
Nous venons à votre œuvre, adjurant l'égoïsme,
  Joindre notre offrande et nos vœux.

Pour vaincre vous avez le sourire, les larmes !
Rien, quand vous demandez, ne résiste à vos charmes,
Votre appel, aujourd'hui, n'a que l'honneur pour but,
Et pour que loin de nous nos ennemis s'écartent,
Hier vous avez dit : Que faut-il pour qu'ils partent ?
  De l'or ? voilà notre tribut.

Qu'on ne nous vante plus ni Rome ni la Grèce,
Des femmes comme vous valent bien des Lucrèce,
La vestale n'est pas la sœur de charité,
L'une n'est qu'une esclave et l'autre est un modèle ;
De toutes les vertus vous avez la plus belle :
  Vous avez la fraternité.

Ainsi Dieu l'a voulu ; vous êtes son mystère,
Par vous on voit sur nous ses desseins sur la terre,
Il vous donne la force et son doigt vous conduit ;
Pour punir un tyran, pour sauver un empire,
Il fait les Jeanne Darc, les Corday, les inspire,
  Et Marat meurt, et l'Anglais fuit.

Non, tu ne seras pas chez nous deux ans encore !
Fier soldat de Bismarck on te craint, on t'abhorre,
Chacun de nous par toi sait ce qu'il a souffert,
Pour ton roi conquérant tu nous prends deux provinces,
Et tant que nos millions n'aient enrichi tes princes,
  Tu nous tiens sous ton joug de fer.

Mais vous ne savez pas honorer la victoire,
Prussiens, par des méfaits vous tachez votre gloire :
Le Français est plus grand, plus généreux pour tous.
Oui, nous le briserons votre joug qui nous lèse,
Partez, prenez notre or, quoique bien lourd, il pèse
  Moins que votre fardeau chez nous.

Croyez-vous que l'honneur soit éteint dans nos âmes !
Non, dans nos cœurs toujours brûlent ses saintes flammes.
A notre dévouement il n'est rien de pareil,
Nous avons notre place avant vous dans l'histoire,
Que nous fait un revers ? Ce n'est, dans notre gloire,
  Qu'un point obscur dans le soleil.

Malgré l'heureux succès qui seconda vos armes,
Malgré tous vos excès qui causèrent nos larmes,
Malgré tous nos malheurs et nos divisions,
La France, l'ornement de ce globe où nous sommes,
Est toujours par ses lois, ses beaux-arts, ses grands hommes
     La première des nations.

N'a-t-elle pas hier affranchi l'Italie,
Reculé sa frontière en dépit d'Albion,
Vengé sur l'Ottoman les crimes de Syrie,
Sur le Chinois l'affront fait à son pavillon ?

C'est elle qui suspend des ponts sur des abîmes,
Creuse un isthme de Suez, perce le Mont-Cenis,
Protégea Rome, ouvrit des routes sur des cimes,
Acquit Chambéry, Nice, urbanisa Tunis ;

Qui sème sur son sol les moissons qu'il étale,
Féconde des déserts, dirige des canaux,
De cent nouveaux chefs-d'œuvre orne sa capitale,
Elève des palais, fonde des hôpitaux,

C'est chez elle qu'on trouve un bien-être qu'on aime,
Que le riche a son luxe et le pauvre du pain.
Que Dieu, la loi, le droit ont un culte suprême,
Que l'esprit est brillant, que le cœur est humain.

Reine des nations, sa puissance, sa gloire,
Pour le bonheur de tous brillent avec splendeur.
En quel lieu son drapeau porté par la victoire
N'a-t-il pas triomphé sous son sabre vainqueur ?

De l'Athos au Caucase et du Tibre au Bosphore
On l'admire, on l'écoute, on l'imite partout,

Elle éclaire le monde, elle répand encore
L'amour du beau, du bien et les règles du goût.

Son mobile est l'honneur, la liberté l'inspire.
Des grands cœurs font chez nous la gloire de l'Etat.
Quel royaume est plus beau, plus fort que notre Empire ?
Quel trône est plus ancien, quel peuple a plus d'éclat ?

Comme de son César la géante stature
Se distingue au milieu de ses héros divers,
Telle, avec majesté, sa sublime figure
Se dessine au tableau qu'étale l'univers.

Toi dont l'Europe sait l'héroïque vaillance,
Dont le nom est partout avec honneur cité,
Dont on craint la menace et chérit l'alliance,
O France ! à toi toujours gloire et prospérité !

Voyez, comme superbe après votre conquête,
Prussiens, elle s'indigne, en levant haut la tête,
De voir en vous, chez nous, le guerrier dans la paix ?
Vous, plus forts par le nombre et non par la vaillance,
Vous avez pu, peut-être, amoindrir sa puissance,
        Mais vous, la subjuguer ? jamais !

Tenez, entendez-vous cette voix douce et forte,
Qui touche tous les cœurs et dit à chaque porte,
Le regret de vous voir encor maître chez nous ?
Voyez-vous dans la main d'une femme candide,
Tomber partout cet or pour le milliard cupide,
        Qui doit nous délivrer de vous ?

Vainqueurs, inclinez-vous devant ces nobles femmes,
La patrie opprimée a saigné dans leurs âmes ;

Chacune est pour l'esclave un ange rédempteur,
A leur public appel tout répond, tout s'empresse,
Le riche a pour offrande un don de sa richesse,
  Le pauvre un sou libérateur.

Bientôt nous vous dirons : voilà bien votre compte,
Partez, messieurs, à nous l'honneur, à vous la honte
De ruiner un peuple en son malheur si fier ;
Surtout n'insultez pas à nos maux, nos détresses,
Car si nous manquons d'or, dans nos mains vengeresses
  Pour vous il est encor du fer.

Ainsi lorsque Brennus, victorieux dans Rome,
Au sénat pour rançon imposait une somme,
Et du Romain vaincu blessait la dignité,
Plein d'un noble transport, Camille alors se lève :
Ce n'est pas l'or, dit-il, c'est le fer, c'est ce glaive,
  Qui nous rendra la liberté.

Gloire éternelle à vous, dames, qui, les premières,
Avez formé le vœu d'affranchir nos frontières,
Sur le marbre vos noms seront inscrits un jour.
C'est par vous qu'un grand peuple aura sa délivrance,
Que six départements dans leur reconnaissance
  Béniront Mulhouse et Strasbourg.

Aidons-nous, libérons notre belle patrie,
Bannissons de son sol l'hôte qui l'humilie,
De nous dicter des lois, jetons-lui le défi,
Femmes, par ce beau trait, l'Europe vous contemple,
Français, vos dévouements sont d'un sublime exemple,
  Et la France vous dit : Merci !

AVEC DEUX PRÊTRES.

Etes-vous des nôtres ? me dit M. Berthemet, doyen de Dammartin.

— Volontiers, lui dis-je.

Il allait à Montgé, et il était accompagné de son vicaire.

C'était par une belle matinée de mai ; la campagne resplendissait de lumière et de fleurs ; l'air était embaumé ; il n'y avait pas longtemps que le soleil était levé, la rosée étincelait en gouttelettes d'or et d'argent sur le duvet des feuilles naissantes ; mille oiseaux entonnaient leurs joyeux concerts, et nos regards erraient avec délices sur les sites les plus riches et les plus variés. Oh ! que la nature est belle à sa renaissance, et qu'il serait malheureux celui qui resterait insensible aux touchantes impressions d'un spectacle de printemps !

La conversation ajoutait encore aux agréments de cette pérégrination ; elle mêlait pour nous le charme de l'intelligence aux délices des sens ; mais de quoi parlions-nous ? Ce n'était pas de vous, guerres, révolutions terribles que la terreur devance, que le meurtre accompagne, qui n'avez de raison que vos colères, de droit que votre force ; qui donnez aux rois des leçons si sanglantes, aux peuples des promesses si décevantes, et qui, après avoir jeté vos grands cris de liberté, de fraternité, laissez après vous des traces si déplorables de ruines, de larmes et de sang. Non, ce n'était pas de vous ; votre souvenir eût fait un triste contraste ici, il eût porté la guerre dnns le séjour de la paix, il eût troublé à nos yeux la pureté du beau ciel qui nous éclairait, l'harmonie que nous admirions dans l'univers. Nous venions, loin de vous, récréer sous de riants ombrages nos esprits fatigués de vos incessantes clameurs.

De grands et saints objets occupaient notre pensée, et absorbaient tout notre être ; c'était la nature et son auteur, le monde et sa fin, notre âme et son avenir, objets si méconnus et pourtant si consolants dans les calamités d'une révolution, objets si minimes aujourd'hui aux yeux du publiciste devant les grandes questions de la politique et si sublimes aux yeux du prêtre, du philosophe, de l'homme qui s'ignore devant les merveilles de l'univers.

Nous atteignimes bientôt la crête de la montagne de Montgé ; là, un gazon nous offrit son vert tapis, un bouleau l'ombre salutaire de sa traînante chevelure, un rossignol ses ravissantes modulations. Nous étions à cent mètres au-dessus du sol qui nous environnait : je n'essaierai pas de peindre la scène qui se déroulait sous nos yeux, le plus magnifique tableau gâte toujours son modèle.

Sur nos têtes l'immensité uniforme d'un ciel bleu, au milieu un soleil d'or ; sous nos pieds l'immensité variée d'une plaine que borne au loin le bandeau grisâtre des collines de la Brie ; de naissantes moissons ondoyantes comme une mer de verdure sous l'haleine du printemps ; d'antiques forêts drapant de leurs longs manteaux les montagnes de Dammartin, de Montmélian, de Rosières, se déployant comme une armée dans les plaines de Vinantes et Juilly, enveloppant de nouveau dans leurs ombres mystérieuses le sage qui les fréquente, les êtres sauvages qui les habitent et couvrant de leurs masses ténébreuses le sol qu'elles chargent depuis le commencement du monde.

Là, le village levant son clocher, groupant ses chaumières, dessinant son site ; des châteaux à reluisante toiture, s'encadrant dans un parc somptueux, des ruisseaux, des petites rivières creusant leur lit et faisant serpenter leurs cours ; ici, la route où vole le poudreux équipage, le sentier que suit le pèlerin solitaire : à l'horizon Coupvray et ses riches vergers, Carnetin et la tour de son télégraphe aujourd'hui suranné et immobile, Montgé et ses vignobles, Veaujours et son belvédère, Montmartre avec ses maisons blanches, avec ses moulins ailés, sa tour de Malakoff, et Paris ce foyer brûlant des révolutions, ce gouffre où fermentent tant de passions, où s'entre-choquent tant de partis, et où se joue avec les destinées de notre belle France le peuple puissant et léger qui les fait et leur imprime sa grandeur et sa mobilité.

Voilà dans sa plus faible esquisse une partie des tableaux que nous contemplions en silence. Derrière nous le château de Saint-Thibault levait avec orgueil ses grandes murailles blanches et ses tourelles romantiques. Bientôt les sons d'une cloche retentirent dans la vallée, ils partaient d'un clocher qui nous apparut à travers une clairière de châtaigniers ; c'était Montgé ; sa cloche nous appelait, nous nous rendîmes à l'église, M. le doyen allait y passer l'examen des enfants pour la première communion. Le pasteur du lieu nous y attendait ; là, se rangeaient sur deux lignes une cinquantaine de petits garçons et de petites filles, tous enfants du pays. Leurs mobiles figures, fraîches de santé, riantes du bonheur de cet âge, se contenaient en ce moment et se revêtaient d'une crainte dévotieuse imposée par la sainteté du lieu et la présence de M. le doyen.

L'examen fut long et laborieux pour ces faibles intelli-
gences ; les réponses coûtaient plus à la timidité qu'au
savoir, et le plus hardi répondait souvent mieux que le
plus instruit. Bien des hommes sont enfants sous ce
rapport.

Pauvres petits enfants ! à qui la religion dit ce que
veut d'eux le Dieu qui les a créés et le monde où il les
envoie, hommes futurs dont elle a ouvert le berceau,
dont elle bénira les pas et dont elle fermera la tombe.
Créatures imparfaites qu'elle épure, qu'elle sanctifie
pour les mettre en rapport avec le créateur, et qu'elle
munit d'avance de la crainte qui éloigne du mal et de la
piété qui en console. Doux anges de la terre qui, à l'entrée de la vie, ne voudriez connaître que l'innocence de
vos jeux, que le baiser de vos mères et à qui il faut apprendre les grands mystères de Dieu, de la vie et de la
mort ! Hâtez-vous, pendant qu'elles sont neuves encore,
d'ouvrir vos âmes à ces lumières qui vous éclairent
dans un monde de ténèbres, à cette raison qui vous
apprendra à discerner le bien du mal, le vrai du faux, à
vous préserver de l'erreur plus dangereuse que l'ignorance et à vous affermir dans ces grandes vérités mo-
rales en dehors desquelles tout est mensonge et sans
lesquelles l'homme n'a plus de guide ni de consolation
sur la terre.

Après l'examen, le bon pasteur de Montgé nous conduisit à son presbytère ; nous vîmes dans son accueil
l'excellence de son cœur et dans son contentement de
peu la simplicité de l'apôtre de l'évangile. Mais l'ombre
des arbres avait grandi, le soleil descendait majestueusement sur l'horizon. Nous quittâmes Montgé, ses petits enfants, son bon curé, et nous revînmes à Dammartin. Ici encore l'église nous attendait ; quand on voyage
avec des prêtres les étapes sont d'une église à l'autre.

C'était le mois de Marie : M. le doyen devait prêcher,
et le soleil par ses splendeurs, et le soir par ses brises, et
les oiseaux par leur chant, et les bois et les fleurs, et
les montagnes, et les vallons et toute la nature semblait
lui dire : roi des êtres, toi qui possèdes l'intelligence,
sois notre interprète auprès du Créateur, porte-lui
l'hommage de la création et bénis-le pour nous.

M. le doyen fit sur la grandeur de Dieu et les merveilles de la nature un discours qui édifia son auditoire
et fut grand et sublime comme son objet : c'est que Dieu
lui-même venait de l'inspirer par la magnificence de ses
œuvres. Pendant ce temps une âme innocente et pure
montait au ciel, une jeune vierge venait de mourir au
milieu de ses compagnes en chantant les louanges de la
mère du Sauveur.

A M. A...

Toi qui loin de nous emporté,
Suivant le torrent qui t'entraîne,
Quittes nos champs pour la cité
Et notre Marne pour la Seine,
Pourquoi depuis plus de six mois
L'ami qui t'estime cent fois
Ignore-t-il ta destinée ?
Le crois-tu pour toi refroidi,
Ou bien au paresseux oubli
Ta plume est-elle condamnée ?

Dans un tourment perpétuel
Je sais bien qu'à la capitale
Une étoile heureuse ou fatale
Balotte un affairé mortel ;
Mais Flore a rempli nos corbeilles
Et Bacchus a doré nos treilles
Sans qu'on ait de toi voix, ni vents.
Faut-il qu'un cœur qui te souhaite
Doute si l'ami qu'il regrette
Compte encor parmi les vivants ?

Que fais-tu dans cette commune
Dont le bruit ne peut te lasser,
Veilles-tu pour faire fortune,
Ou bien dors-tu pour t'en passer ?
Ton pinceau, dans une copie,
Fait-il l'éloge d'un génie
Ou la censure de nos mœurs ?
Ou le grand que tu sollicites
Comble-t-il tes humbles visites
De ses dédains ou ses faveurs ?

Ris-tu de ces modes nouvelles
Dont les caprices adoptés
Blessent les formes les plus belles,
Gâtent les meilleurs santés,
Qui, par mille couleurs futiles,
Des beaux Adonis de nos villes
Font autant de singes parfaits,
Et qui, ruinant nos coquettes,
Pour que les mères soient bien faites,
Font que tant d'enfants sont mal faits ?

Ou bien, dans un cercle critique,
Vas-tu, sous le choc des partis,

Attiser cette politique
Qui trouble notre beau pays ?
Laissons ces censeurs à systèmes
Troubler par leurs mille problèmes
L'Etat qui les protège tous,
Et sur le flot qui nous ballotte
Voguons sur la foi du pilote,
Qui ne peut voir le port sans nous.

Là, dans sa sotte vanité,
L'homme que son or déifie
Fait rire ta philosophie,
Qui découvre sa pauvreté.
Tu le vois, superbe, volage,
Fuir le bonheur pour son image,
S'attacher au bien qui périt ;
En vain il brille en sa demeure,
Tu sais du visage qui pleure
Distinguer le masque qui rit.

Là, par le gain d'auteurs avides,
L'esprit verbeux est fécondé,
Et de leurs livres insipides
Tu vois un public inondé ;
A côté de ce beau classique
Dont le vrai, l'harmonie antique
Enfin ne sont plus de saison,
Le romantisme qu'on approuve
Fait ces grands vers où tout se trouve,
Hors le bon sens et la raison.

Dans ce tourbillon qui t'enserre
Tu vois aussi ces pauvres gens
Dont le destin est sur la terre
De vivre et mourir indigents.

Ah ! ce n'est pas là, qu'avec haine
Pour des fautes qu'absout leur peine
Il faut faire tonner un Dieu,
Ni dire que dans sa colère
Il leur garde d'autre misère
Pour les punir en d'autre lieu.

Aux cités où des âmes vaines
Dans leurs plaisirs bravent l'enfer,
Laisse nos modernes Bridaines
S'armer du foudre et de l'éclair ;
Qu'ils tonnent contre ces richesses
Qui s'élèvent par des bassesses
Sur les pauvres qu'elles ont faits,
Et contre ces grands dont les vices
Trouvent de coupables délices
Dans d'abominables forfaits.

Mais, pour tous ceux-là que désole
Tant de misère et d'abandon,
Donne ce secours qui console,
Garde-leur amour et pardon ;
Dis-leur que si l'épreuve est dure
Tout homme au moment qu'il l'endure
Est par Dieu même surveillé,
Et qu'au bout de cette carrière
Chacun recevra son salaire
Selon qu'il aura travaillé.

Fais le bien, parle, instruis, éclaire,
Mais dans tes œuvres sois discret ;
Montre en public l'homme ordinaire,
Garde le savant en secret ;
Car tu sais qu'aux yeux de l'envie
C'est un défaut que le génie ;

Qu'un peu de gloire est un péché,
Et que souvent l'homme qui pense
N'a d'amis que dans le silence,
De paix qu'autant qu'il est caché.

Mais moi qu'un destin tout contraire
A la campagne a rejeté,
Loin des fastes de la cité,
Je vis tranquille et solitaire :
Ici, ce n'est plus ce bel art,
Ni ce grand monde, ni ce fard,
C'est tout bonnement la nature ;
Et, dans ce tableau peu goûté,
Ce qu'ailleurs tu vois en peinture
Ne se voit qu'en réalité.

Au lieu d'une Laïs savante
Qui cache un poison sous des lis,
Ce n'est qu'une Estelle ignorante
Dont la vertu fait tout le prix.
Au lieu d'un Céladon qui bâille,
Ce n'est qu'un rustre qui travaille
Et sert son prince et son pays.
Au lieu du vice qu'on encense,
Ce n'est que la chaste innocence
Qu'on trouve si simple à Paris.

Ici le remords incommode,
On chérit les mœurs, que veux-tu ?
On ne sait pas vivre à la mode,
On croit encor à la vertu.
A présent, dans ce monde agreste
Où je coule des jours en paix,
Du rare loisir qui me reste
Veux-tu savoir ce que je fais !

Loin du bruit et de l'imposture,
Je quitte l'art pour la nature,
L'homme pour la divinité ;
L'univers devient mon spectacle,
Et son harmonie est l'oracle
Qui m'enseigne la vérité.

A l'ombre du rameau qui plie,
Sur l'émail de nos prés en fleur,
Je viens, car telle est ma manie,
Savourer un simple bonheur ;
Le ciel est mon lambris antique,
La terre ma couche rustique,
Les astres sont mes seuls flambeaux,
Et le monde est la scène usée
Où toujours mon âme abusée
Puise des biens toujours nouveaux.

Si ce bien est imaginaire,
S'il n'a pour toi qu'un faux attrait,
Laisse-moi l'erreur salutaire
Où mon cœur puise un plaisir vrai ;
A ces vérités difficiles
Dont l'art, au sein brillant des villes,
Eclaire et fatigue tes yeux,
Je préfère sur la verdure
Le mensonge de la nature
Qui me trompe et me rend heureux.

RÉPONSE

A DES VŒUX DE NOUVEL AN

A M. B...

Ton souhait bienveillant, au matin de l'année,
Pour moi demande au ciel une autre destinée ;
Ami, je te sais gré du bien que tu me veux ;
Mais tu ne sais pas bien ni mon sort ni mes vœux.
J'utilise mon temps, je lis, j'écris, je pense,
J'apprends de la raison plus que de la science,
Que le bonheur est moins dans les choses qu'en nous,
Et que les biens du cœur sont les biens les plus doux.
Du Dieu qui nous créa la suprême justice
Ne met pas ce bonheur au prix d'un sacrifice ;
Avec égalité ses bienfaisantes mains
En ont mis l'élément dans le cœur des humains ;
L'homme qui l'a perdu, quand son désir l'enflamme,
N'a pour le retrouver, qu'à descendre en son âme ;
Et si, sur ses besoins, il sait régler ses vœux,
Il possède sans frais le secret d'être heureux.

Content de mon état, puisque j'y vis sans maître,
Et que son faible prix suffit à mon bien-être,
Ami, je n'irai pas dans un monde trompeur
Chercher, pour être heureux, ce que j'ai dans mon cœur.

J'ai mon pain quotidien avec l'indépendance ;
J'ai le repos d'esprit, la paix de l'innocence,
Et tout ce que le monde y pourrait ajouter
Ne vaut pas, selon moi, que je l'aille acheter.
Eh ! que peut-il m'offrir dont l'appât me séduise ?
Toujours cette fortune où tout le monde vise ?
Mais on voit tant de gens tous ses dons rassembler,
A qui je serais bien fâché de ressembler !

La fortune qui vend les biens qu'elle dispense
Ne vaut pas, pour si peu, que le sage l'encense ;
Car ces biens, quand les dieux nous les ont accordés,
On les possède moins qu'on en est possédés.
Ami, la vanité ne cache que misère :
C'est ce ver qui, la nuit, brille dans la poussière ;
Avec le nécessaire, un ami, la santé,
L'homme a tout ce qu'il faut pour la félicité.
Celui qui possédant l'élément du bien-être,
Ne sait pas être heureux, n'est pas digne de l'être ;
Les vœux n'y peuvent rien, et l'être ambitieux
N'aurait pas même assez de tous les dons des cieux.

Non, non, je n'irai pas, pour une vaine image,
Quitter les biens réels que je tiens en partage.
Pour enrichir des jours que je puis illustrer
Je n'irai pas aux grands lâchement me montrer ;
Ils trouveraient parfois ma franchise incivile ;
Ton ami, pour ramper, n'a pas l'âme assez vile.
Une âme indépendante et forte en sa vertu
Laisse l'intrigue au cœur dans l'opprobre abattu.

Cependant, me dis-tu, si l'aimable opulence
Penchait sur tes destins sa corne d'abondance,
Ne te verrait-on pas, comme un autre, jouir
Des trésors dont ton front n'aurait pas à rougir ?

Ami, je n'irais pas, reformant mon usage,
Changer avec mes mœurs d'habit ni de visage,
Rechercher des cités le faste et les plaisirs,
Au feu des passions allumer mes désirs,
Et, nouveau parvenu, faire contre ma vie
Déclamer la raison et murmurer l'envie.

Je voudrais que mon champ occupât tous mes soins,
Que du pauvre ma main soulageât les besoins ;
Je voudrais, invoquant l'Apollon qui m'inspire,
Montrer que le vrai sage est enfant de la lyre,
Que de l'humble vertu le bonheur est l'effet,
Que la gloire de l'homme est dans le bien qu'il fait ;
Et, tandis qu'en ce monde un ignorant vulgaire
A des maux éternels livre un jour éphémère,
Comme toi, dans les arts, jouir en liberté
D'un trésor dont le prix ne m'aurait rien coûté.

Va, pourvu que le Dieu, que chaque jour je prie,
Me conserve en santé, ma femme et mon enfant (1) ;
Pourvu qu'un peu de bien utilise ma vie,
Et qu'un malheureux m'aime, ami, je suis content.

De tous les voyageurs dont la troupe succombe
        Sous le commun fardeau,
Et que le temps conduit de la crèche à la tombe,
        Comme un bruyant troupeau,
        Toujours le moins las du voyage
Est celui qui, suivant le sentier de l'honneur,
Ne s'est pas laissé prendre à l'appat séducteur
Qu'une fortune aveugle a mis sur son passage.

(1) 1860.

LE TRAVAIL

Le travail est dans l'ordre des choses. Tout fonctionne ou travaille dans la nature : les cieux par leur mouvement, les planètes par leurs révolutions, la terre fait dix mille lieues en un jour sur elle-même et soixante millions de lieues en un an autour du soleil. Le Créateur lui-même fonctionne dans son éternité en gouvernant la création qui ne vit et ne se maintient que par lui.

Le travail est naturel à certains animaux : l'abeille, le castor, la fourmi, le singe, la taupe, l'araignée, le ver et mille autres animaux et insectes travaillent en commun ou isolément et nous étonnent par leur adresse et leur agilité.

Mais ce que les animaux font par instinct, l'homme le fait par raison ; le besoin lui fait une nécessité du travail, et la société un devoir. Quand Dieu le plaça sur ce globe, il lui dit : « Voici la terre, elle renferme pour toi les biens et les maux, tu ne jouiras des uns et n'éviteras les autres que par le travail. » Dès lors, l'homme se mit à l'œuvre, la sueur humecta son front, l'application fatigua son esprit, mais il changea la face de la terre et retrouva l'Eden qu'il avait perdu.

Bientôt, de l'amour naquit la famille ; du besoin de s'entr'aider, de se nourrir, de se défendre naquirent la société, le peuple, la nation ; alors parurent, selon les temps, les ouvriers de la main et de l'intelligence, les travaux de la matière et les œuvres de l'esprit. La culture eut ses Triptolème, les arts eurent leur Archimède ; la philosophie, ses sages ; la guerre, ses héros ; tous, leurs ouvriers.

C'est au travail que nous devons ces découvertes heureuses, ces inventions utiles qui contribuent à l'allégement de nos peines, à la facilité de notre bien-être. Par lui la civilisalion se répand et l'être humain progresse ; sans lui, l'homme isolé, inactif, réduit au simple besoin de l'animal, retomberait fatalement dans la barbarie.

Celui qui consomme doit produire, autrement il vit du travail d'un autre, le paresseux est le frelon de la ruche, le parasite de la plante, le croquant du banquet ; il n'y a que la vieillesse ou l'infirmité qui puisse dispenser le citoyen de son contingent de travail ; le rang, la fortune, l'intelligence ne sont pour nous, dans la société, qu'une obligation de la mieux servir ; car, qui a plus lui doit plus, et quand elle fait tout pour nous, nul n'a le droit de rien faire pour elle.

L'homme qui travaille est un petit rouage du grand mécanisme du monde, il s'harmonise avec le tout quand il fonctionne, il n'a pas de raison d'être quand il est inactif, il est nul dès qu'il est inutile. Tout est si bien ordonné que son travail a toujours un double but, et qu'il ne peut rien faire pour lui qu'il ne fasse aussi pour tous, il gagne avec la société selon qu'elle gagne avec lui. C'est donc par devoir autant que par intérêt qu'il accomplit sa tâche.

Heureux celui qui aime le travail : l'artiste, l'homme ignorant ou instruit y trouvent des ressources contre le besoin ou l'ennui ; je ne connais rien de plus ennuyé de lui-même, de plus ennuyeux pour les autres, qu'un homme qui ne sait pas s'occuper : le jour lui pèse, le désœuvrement l'annihile, la vie lui déplaît ; c'est de l'oisiveté que s'engendrent les dégoûts, les misères, les crimes. C'est à elle que se rapportent les suicide du spleen chez les hommes, les crises de la vapeur et des nerfs chez les femmes Les riches ont ces maladies, c'est une modification de leurs plaisirs ; les pauvres en sont exempts, c'est une compensation de leurs peines. Le travail enfante l'œuvre que couronne la gloire et dont profite l'humanité ; il répand la joie dans l'atelier, l'aisance dans le ménage, le progrès partout. C'est le trésor caché dans le champ du fabuliste, c'est l'utilité, le luxe, la richesse d'un empire. Oui, c'est au travail que l'homme doit sa santé, ses mœurs, son mérite ; il est fait pour nous comme l'air pour l'oiseau, comme l'eau pour le poisson. A quoi serviraient l'aile sans le vol, la nageoire sans le flot et les bras de l'homme sans le travail ?

Travaillons donc dans cette vie dont l'atelier est un univers, dont la lampe est un soleil, et n'oublions pas que dans ce monde ou dans un autre, il est pour nous un tribunal où notre œuvre est jugée et un maître par qui nos travaux sont payés.

UN PRONE DE VILLAGE

Je passais dernièrement dans un de ces villages de la Picardie, qui, éloigné des routes et situé sur une montagne, apparaissent au loin comme une hôtellerie du désert pour faire une station à l'homme dans le voyage de la vie.

Celui-ci, vierge de tout progrès, portait encore la livrée du vieil âge. C'était un véritable village d'autrefois avec ses chaumières tapissées de joubarbe jaune, entourées de cours communes, entremêlées de noyers et de jardins.

> La maison du Seigneur seule un peu plus ornée
> Se montrait, à l'écart, d'arbres environnée.

L'église et le gros orme, confidents des prières et des plaisirs du dimanche, s'y montraient au milieu de la place, tous deux chargés de siècles, tous deux objets toujours de grande vénération. Le cimetière, près de là, groupait ses humbles croix de bois autour d'un calvaire antique, et rappelait ses morts au souvenir des vivants.

C'était un jour de fête, la cloche avec sa voix de bronze, appelait les fidèles à l'office ; j'entrai dans l'église et j'y vis arriver successivement dans sa grotesque parure toute la population du pays.

Le chatelain et la dame, son épouse, après avoir reçu sur leur passage plus d'une révérence, prirent place dans leur banc d'honneur ; c'étaient deux bons et vénérables vieillards, rappelant par leur costume et leurs manières des temps et des mœurs qui ne sont plus ; ils n'avaient plus les mêmes privilèges, ils n'étaient plus encensés à l'église ; mais ils avaient toujours la même noblesse, la même affabilité, et malgré la diminution de leur fortune, chez eux la part pauvre était restée la même.

Je m'attendris à la vue de ces hommes, de ces femmes que nous appelons paysans, et qui, nés pour les fatigues et la peine, venaient remercier le ciel du bienfait de la vie ; je les voyais joindre pieusement leurs mains calleuses, incliner leur front chauve et brûlé du soleil, devant ce même autel, à cette même place, où leurs aïeux avaient prié ; c'était la même foi, la même dévotion, et ils en recueillaient les mêmes fruits. Quelle que soit sa condition, l'homme, quand il pratique sa religion, tire toujours de grands avantages de son commerce avec Dieu.

Ici point d'orgue, point de concert musical, de chefs-d'œuvre de l'art, de parures, d'ornement, mais Dieu et la vérité ; on les cherche souvent sous la forme qui les déguise, dans le luxe des villes, sous la pompe des cathédrales.

Le pasteur, blanchi sous l'étole, portait dans ses traits vénérables l'empreinte d'une piété douce et paternelle ; c'était l'homme de son troupeau ; il monta en chaire et fit entendre ces paroles que ses paroissiens écoutèrent comme y étant habitués, mais qui firent sur moi une telle impression que je les recueillis pour les retracer ici :

« Il y a en ce jour, cinquante ans, mes frères, que je suis parmi vous ; j'ai vu naître vos pères, j'ai baptisé vos enfants et Dieu permet que ma voix qui tremble et s'éteint puisse encore vous parler de lui ; nous avons passé ensemble à travers des temps bien difficiles. Des révolutions, des doctrines désastreuses ont mis vos biens à rançon, votre vie en péril et votre foi à de tristes épreuves ; j'ai souffert de vos maux, j'ai gémi de vos tribulations ; aujourd'hui je me réjouis de vos consolations, et je remercie la Providence de retrouver en vous la simplicité de cette vie, la pureté de cette foi dans lesquelles vos pères sont morts.

« Je vous bénis, mes enfants, d'être restés étrangers à ces nouveautés du siècle qu'on appelle progrès, de n'avoir pas quitté vos habitudes de l'humble nécessaire, pour ce désir d'une aisance recherchée, pour ce goût du luxe, des plaisirs et des arts, qui changent les conditions, distinguent les individus, corrompent les mœurs, divisent les familles et font souvent leur ruine.

« Une vie simple comme la vôtre, mes frères, a peu de besoin ; le soleil de vos moissons, le travail de chaque jour, voilà tout ce que vous demandez, et c'est assez pour qui doit mourir. Eh! que vous serviraient ces produits si vantés de l'industrie moderne? A vous rendre comme ceux qui les possèdent plus dépendants sans être plus heureux ; car si la restriction des besoins nous rapproche du bien-être et de la liberté, leur extension nous en éloigne, et dans ce qui flatte nos sens, tout ce qui commence par un désir finit par un besoin. Oh! combien plus douce et plus facile serait la vie, si au peu de mal qu'elle comporte nous n'ajoutions le mal que nous créons! Otons de cette vie ce qui est de nous et laissons la part du bon Dieu, nous verrons que ce qu'elle a de bon vient d'en haut et que le mal est notre ouvrage. Nos passions, nos funestes habitudes, nos plaisirs insensés, voilà ce qui nous fait un enfer de ce monde ; vous le savez, mes frères, la vie est douce à qui sait bien en user, et il n'est aucun de vous qui malgré quelque misère ne voulût continuer la sienne au même prix. Conservez ces mœurs simples, cette union fraternelle, cet amour du travail et surtout cette pratique de la religion qui sanctifie vos peines et consacre vos joies, et vous conserverez ce bonheur qu'ils enfantent et qui, pur comme sa source, coule sans trouble et sans regret.

« Mais ce bonheur, mes frères, il ne doit pas être l'unique but de vos actions; je vous l'ai dit souvent, nous sommes envoyés ici pour y subir une épreuve, et ce n'est pas pour être heureux qu'on est en exil; nous avons, avant tout, une grande tâche à remplir, celle de servir la nature et la société, et de concourir, par l'accomplissement des devoirs qu'elle nous impose, au bien de ce monde selon les desseins de Dieu ; car l'homme est un être moral, et au jour suprême ce ne sera pas par le bien-être dont il aura joui, mais par la manière dont il aura vécu qu'il sera jugé.

« Continuez donc, mes frères, de vivre, non de cette vie des villes qui énerve le corps, affaiblit les croyances et ne produit le plus souvent que de brillantes futilités, mais de cette vie de nos pères, sobre, laborieuse, utile qui tire du pain de la terre, donne des hommes à l'Etat et des âmes à Dieu. Si l'on admire aux cités l'éclat de l'opulence, les chefs-d'œuvre du génie et des arts, dont ceux qui les possèdent se disent heureux de jouir, qu'on trouve toujours ici l'absence de tout cela qui vous rend plus heureux de vous en passer. Eh ! que sont-ils en effet ces produits magnifiques d'un progrès qui use et d'une civilisation qui corrompt ? des jouets de l'homme-enfant, des remèdes d'une société débilitante, des besoins d'un peuple caduc ; la vue en est belle, mais l'usage en est triste et la chaumière où ils sont ignorés est préférable peut-être au palais qu'ils décorent. Ah ! mes frères, quand s'agitant sans cesse cette civilisation change, détruit et renouvelle tout, que la frugalité, les mœurs restent invariables parmi vous ; enfant d'un même père, aimez-vous tous en lui ; contentez-vous de la part qu'il vous a faite en ce monde et du lieu où il vous a placés. C'est le vœu que du bord de ma tombe j'élève au ciel pour le salut de vos âmes ; prêt à vous quitter je recommande à ce Dieu que nous prions ensemble le soin de votre avenir. Je vous lègue à sa Providence. Bientôt j'irai, loin de cette terre, l'implorer encore pour mes chères ouailles, et malgré ma faiblesse je croirai avoir fait quelque chose pour vous dans l'autre monde, si, jusqu'à mon dernier soupir et à l'ombre de ma croix, j'ai pu vous préserver des séductions et des erreurs de celui-ci. »

Après ces touchantes paroles le bon prêtre remonta à l'autel et entonna le *Credo*. Je sortis édifié de ce que je venais d'entendre, et je me demandai si les académies professaient une philosophie meilleure que celle que ce vieux curé enseignait à ses paroissiens dans cette vieille église.

A M. VICTOR OFFROY

DE DAMMARTIN

ÉPITRE

Ami, dans le frais ermitage
Où tu goûtes tes seuls loisirs,
Je veux que cet humble message
Te porte mes plus chers désirs.
Nous avançons dans la carrière,
Jetons un regard en arrière,
Rappelons-nous les temps passés......
Quand s'enfuit au loin l'espérance,
Il nous reste la souvenance
Et pour nous n'est-ce pas assez !

Te souvient-il de ce poète
Par ton cœur si bien accueilli,
Dont la voix, peut-être indiscrète,
Franchit les murs du vieux *Juilly* ?...
Sous ton toit qu'un lierre décore
Ma muse toute jeune encore
Passait ses plus heureux instants,
Mais depuis ces jours pleins de charmes
J'ai, par mes plus amères larmes,
Comme toi compté tous mes ans !

Tous deux dans ce pèlerinage
A travers le vallon de pleurs,
Nous avons marqué le voyage
Par le jalon de nos douleurs......
Ce noir trépas de deuil avide,
Autour de nous a fait le vide,
Nous partageons le même sort :
Quand nous nous retrouvons ensemble,
Le même regret nous rassemble,
Hélas ! sur le seuil de la mort !

Oui bientôt cette mort avare
Nous rendra ceux que nous pleurons,
Ce qu'elle détruit se répare,
Au ciel nous les retrouverons.
Pour adoucir notre souffrance
Enchaînons encor l'espérance.
A défaut d'un long avenir......
Vidons le reste d'ambroisie
Que nous laisse la poésie
Dans la coupe du souvenir.

Te souvient-il des frais ombrages
Où tu me trouvais recueilli

Quand pour nos pédestres voyages
Tu venais me prendre à *Juilly* ?
En foulant nos vertes pelouses
Nous cueillions mille fleurs jalouses
De s'étaler devant nos yeux,
Et, nous éloignant des élèves,
Nous allions, poursuivant nos rêves,
Dans les bosquets silencieux.

Nantouillet, que Cérès couronne,
Attirait nos pas mesurés
Et sur les bords de la Beuvronne
Nous suivions le sentier des prés ;
Non loin du manoir en ruines
Nous prenions le long des ravines
La route du *Plessis-aux-Bois;*
En laissant à droite *Vinantes*
Ainsi que *Montgé* sur ses pentes,
Nous revenions à travers bois.

Mais notre route habituelle
Etait *Saint-Mard-sous-Dammartin,*
Elle nous paraissait plus belle
Se terminant par ton jardin :
Là, sous les charmilles ombreuses,
Pour passer nos heures heureuses
Tu me disais tes derniers vers ;
J'y répondais par quelques rimes
Que m'avaient inspiré les cimes,
Le val, le parc ou les déserts.

Rappelant ce temps plein de charmes,
Encor là dans mon souvenir,
Je ne puis retenir mes larmes.....
O mon Dieu ! faut-il donc vieillir !....

Heures rapides de l'enfance,
Doux printemps de l'adolescence,
Vous ne serez plus désormais.....
On peut, cessant de vous poursuivre,
Sans vous se condamner à vivre......
Mais vous oublier.... oh ! jamais !.....

Te souvient-il du long voyage
Commencé dès le point du jour,
Embelli d'un ciel sans nuage
Du départ jusques au retour ?
Quittant la route ensoleillée
Pour les sentes sous la feuillée,
Nous goûtions l'ombre et la fraîcheur
Puis, laissant *Eve* dans la plaine,
Nous passions près de ta garenne
Le long du chèvrefeuille en fleur.

Bientôt nous gagnâmes la route
Et nous traversâmes *Nanteuil*;
Sous les arbres courbés en voûte
Des Marais nous vîmes le seuil :
Que de souvenirs te rappelle
Cette solitaire chapelle (1),
Où tu vins, pauvre enfant de chœur,
Sur les pas de ton digne maître
Que tu nous appris à connaître,
Devant Dieu répandre ton cœur !

Mais *Versigny* dans la vallée
Devant nous montrait à son tour
Sa flèche haute et dentelée
Et ton cœur bondissait d'amour.....

(1) La chapelle des Marais, près Nanteuil.

C'est le pays que ton cœur aime,
Ah ! je compris ta peine extrême
Le doux et saint pasteur n'est plus.....
Pleure l'ami de ta jeunesse,
Mais rappelle-toi qu'il nous laisse
Le doux parfum de ses vertus !

Nous vîmes l'ancien presbytère
Dont chaque pauvre usa le seuil....
Nous allâmes au cimetière
Pour prier où fût son cercueil.
Sur mon album j'esquissai vite
Le dessin de ce dernier gîte
Où reposait ton bienfaiteur :
Tu gardes encor cette image,
De l'amitié sensible gage.....
Elle orne tes murs et ton cœur.

Après ce tribut de tendresse
Que tu payas à la vertu,
Nous reprîmes notre allégresse
Et poursuivîmes notre but.
Baron s'offrait à notre vue,
Sa haute église dans la nue
Semblait nous barrer le chemin ;
Montépiloy, sur la colline,
Emergeait sa tour en ruine
Que tu me montrais de la main.

En touchant au but du voyage
Nous devions, curieux passants,
Saluer le *vieux du village*
Fier de ses quatre-vingt-seize ans :
Découvrant son front respectable,
Après les honneurs de sa table,

De nous guider il se fit loi.. ..
Ce ne fut qu'à la route neuve
Que nous quitta *le père Beuve*
Assez près de *Montépiloy.*

A droite, au bout de la spirale
Que forme l'ondulant côteau
Senlis montrait sa cathédrale
Et *Mont-l'Evêque* son château.
A notre gauche était *Rosières*
Plus loin *Péroie* et *Sennevières,*
Devant nous, *Fontaine, Châalis ;*
Puis *Borez* au grès druidique
Marquant la date fatidique
Des temps qui se sont accomplis.

De *Châalis* les voûtes antiques
Appelaient nos pas vagabonds.
De loin nous voyions ses portiques
Encadrés dans l'or des moissons.
Longeant les bords de la *Nonette,*
Où se penche la fleur coquette
Heureuse de ce pur miroir,
Dans le parc bientôt nous entrâmes
Reposer nos corps et nos âmes,
Goûter l'ombre et la paix du soir.

Que cette heure fut sainte et douce,
En face de ces hauts frontons
Où le lierre autant que la mousse
Laisse courir ses verts festons !
Sous ces débris du sanctuaire
Notre âme montait en prière
Vers le père qui règne aux cieux ;
Et remplis de béatitude

Nous quittâmes la solitude,
Recueillis et silencieux.

Nous regagnâmes ta demeure,
Le jour touchait à son déclin.
Le lendemain pendant une heure,
Sur les hauteurs de *Dammartin*,
Nous aimions à revoir encore
Blanchis des rayons de l'aurore
Meaux, Juilly, Thieux, Mitry, Vaujours,
Au sud, *Paris* la grande ville,
Au couchant, *Ver, Ermenonville*
Au nord, *Versigny*, tes amours.

MICHEL TISSANDIER.

Mainneville (Eure), 1er avril 1873.

FIN

ERRATA

Page 139, ligne 7, après ce mot : s'unissent, ajoutez : de par l'amour, la convenance et l'intérêt.

Page 109, dernière ligne, au lieu de Chalmin, lisez : Valin.

TABLE DES MATIÈRES

CLERMONT (OISE). — IMP. ALEXANDRE TOUPET. 773.